从理念到实务

成品油营销30讲

刘林 著

中国石化出版社

内 容 提 要

作为一种特殊品类，成品油市场化进程一度滞后于普通商品。随着原油金融属性日益凸显，行情波动时常背离供求关系，使成品油营销所面对的情况更为复杂多变。

本书从实际出发，在汲取当前市场主流观念的基础上，大量引用案例和生活中的现象、故事，便于读者理解。同时，创造性地引入统计分析方法和金融工具，在预判市场走势和库存运作方面见解独特，具有实操意义。

本书可供成品油批发、零售（加油站）从业人员使用。

图书在版编目(CIP)数据

从理念到实务：成品油营销30讲 / 刘林著. — 北京：中国石化出版社，2022.6

ISBN 978-7-5114-6647-1

Ⅰ. ①从… Ⅱ. ①刘… Ⅲ. ①石油产品 - 营销管理 Ⅳ. ①F764.1

中国版本图书馆CIP数据核字（2022）第086671号

中国石化出版社出版发行

地址：北京市东城区安定门外大街58号

邮编：100011 电话：（010）57512500

发行部电话：（010）57512575

http://www.sinopec-press.com

E-mail：press@sinopec.com

北京富泰印刷有限责任公司印刷

全国各地新华书店经销

*

710×1000毫米 16开本 14印张 210千字

2022年6月第1版 2022年6月第1次印刷

定价：58.00元

前言

PREFACE

因为工作的关系，动念写些东西始于三四年前。原本只是针对成品油零售部门和一线的站经理们，想做出一个范本，更偏重于实务、实操，功利性比较强。这部分内容修改完善后，收录在本书第六部分“零售运营实务”。

然而，参照模板模仿出来的成品似是而非，根本做不到批量复制。方法和技巧这些外在的东西，只适用于特定的环境和具体对象，倘若由此能够进一步领悟到内在的规律和原理，本来也是好的，可惜大多被忽略了。本意走捷径，却不想带偏了路，这个方法行不通。

人们都喜欢立竿见影，而不愿做绵绵用力、久久为功的事情，因此专业派、技术流显得实在有用，很受器重；而理念、文化、哲学、价值观让人感觉虚浮缥缈，短期很难见到成效，就不受关注。而恰恰是这些“虚”的东西发挥决定性作用，希望藉此得到更多的重视。

在成品油销售企业中，各业务板块有约定的边界，相对独立，却又相互作用。例如，批发降价，可能引起更激烈的零售竞争；非油业务能够丰富促销手段、改善客户体验，从而带动油品增量，其作用已成业界共识；而加油站运营管理这类针对性较强的新媒体平台能够吸引更多的零售从业人员关注，这恰恰是批发业务所需要的。所以，业务跨界是实现资源共享、优势互补的最佳途径，本书中夹杂并存着批发、零售和非油品的理念和方法，这些业务相互交织、影响，实在区分不开，也没有区分的必要。

事实上，不区分也是为了避免单一视角所带来的局限和被动。人们习惯从自身角度去思考，喜欢用“我以为”“我认为”来表达想法和感受，不管是站在“卖方”立场，还是以“专家”自居，都会掉入“自我视角”陷阱，哪怕本意是替别人着想，也得不到认同，最后演变成自娱自乐。因此，营销要站在客户的立场，平衡左右的关系，兼顾上下游的利益，同时关注竞争对手的反应。

相比普通商品而言，国内成品油市场化进程既短又快，由于成品油兼具生活消费品、生产资料以及战略物资等多重属性，极为特殊。外部培训可能存在理论与实践脱节，而内部研究则缺乏系统性，强调个性特征而忽略共性联系，不能将现有的先进营销理念成功导入行业营销体系，使行业整体营销水平与市场化程度不匹配。为此，我们从多角度做了一次全新的尝试，结合多年经验编撰了《从理念到实务：成品油营销30讲》一书，希望能激起读者一些思考。

因作者水平所限，书中的想法和观点难免存在疏漏，只是把多年的工作思考梳理出来，供大家参考。

目 录

CONTENTS

▶ 排在营销之前

第1讲　要有一颗强大内核 …… 002
第2讲　把运营做到极致 …… 010
第3讲　灵活就是要解决问题 …… 017
第4讲　管理不能置身事外 …… 023

▶ 市场在哪里?

第5讲　批发与零售 …… 030
第6讲　市场细分：创意开始的地方 …… 035
第7讲　目标市场容量测算 …… 041
第8讲　子市场特征分析及应对策略 …… 046

▶ 客户为什么选择?

第9讲 区隔：由卖点到主张……052
第10讲 定位：给客户一个选择理由……060
第11讲 识破“需求”障眼法……066
第12讲 接近客户……074
第13讲 沟通与促成……081

▶ 无可避免的价格战

第14讲 概率赢家……090
第15讲 无可避免的价格战……104
第16讲 营销矩阵……107
第17讲 低价陷阱……116
第18讲 低成本策略……124
第19讲 服务营销……133

▶ 非常竞争

第20讲 免费游戏……142
第21讲 共享共赢……150
第22讲 平台战略……155

▶ 零售运营实务

第23讲 选择一个好口岸 164
第24讲 布局与动线 172
第25讲 进出口是个大问题 180
第26讲 如何提升进站率 184
第27讲 如何提升加满率 194
第28讲 如何提升通过率 200
第29讲 如何提升回头率 205
第30讲 带动和转化 211

▶ 结语

营销无处不在 214

排在营销之前

“管理是观念而非技术，是实务而非理论”，营销同样如此。

营销是“行而知”的动态实践，本部分讲述的却全是“虚浮”的东西。过去，人们喜欢把营销成败的原因归结为技巧是否高超、方法运用是否得当、时机选择是否合时宜等具体因素；现在，企业更为关注精神层面的影响和运作规律，更加注重文化引领，在哲学、理念、价值主张等“虚”的方面寻求持续发展的原动力，确实获得了前所未有的突破。

按照传统的术语，第1~第4讲分别对应“生存之道”“长久之法”“应变之术”“什伯之器”。

第1讲

要有一颗强大内核

现代社会竞争日趋激烈，市场经济规律驱使人们去最大限度地争取资源和权益，竞争机制触发矛盾冲突，多元化价值观冲击进一步加剧人与人之间的紧张关系。

社会进化过程如同生物进化过程一样，适者生存同样有效，生存竞争的原则起着支配作用。不同的是，思想理念才是人类社会最为重要的生存技能。企业在处理自身与客户、社会三方利益时所持的根本看法和态度，形成企业独有的性格基调和行为方式，直接指导经营活动的开展，最终决定企业的前途和命运。

现代企业通常并不缺少价值观，多数只是挂在墙上的口号，为了赶时髦相互模仿、抄袭，并没有真正挖掘出自己的长期积淀，难以引起共鸣；或者由于企业管理层级过多，没有用以指挥行动、解决问题，对于多数员工而言，这些理念仍然是他们核心价值体系的组成部分，却并不一定是“核心”元素。

那么，有没有一个获得共识的规范，能够内化为信念，外化为集体行为，从而变成凝心聚力的利器，使企业上下步调一致，在竞争中超越对手，获得持续的竞争优势?

1.1 责任：创造价值的原动力

企业的定义是“以盈利为目的的经济组织”，盈利构成企业的根本性标志。企业的首要任务是求生存，很多企业家也坦言创办企业的原动力就是为了赚钱，只有从市场中源源不断地汲取“营养”，企业才能延续生存和发展。因此，“经济属性”是企业的首要特征，追求利润最大化是企业与生俱来的“自然属性”，并由此实现自身和客户的价值。

彼得·德鲁克比喻利润之于企业“就像氧气对人一样”，利润如此重要，却不会像氧气一样凭空而来，以至于利润成为部分企业开展活动的唯一目的和衡量标准。德鲁克还指出“利润不是企业和企业活动的目的，而是企业经营的限制性因素”，如果把利润最大化当作企业行为的唯一目的，无异于活着只是为了喘口气，则失去了活着的意义。

企业并非存在于真空，除了“经济属性”，履行利润最大化职责之外，还具有“社会属性”。企业需要与周围各方产生联系、获取利润，并且贡献国家、回报社会，服务客户和造福员工，这也是企业存在的真正意义。

首先，企业利润来源于经营活动相关利益方，包括自然资源利用以及产业链上下游各方参与者所创造的价值。同时，与自然生态相类似，企业赖以生存的商业环境具有承载极限，过分挤压上下游各方参与者的生存空间，势必造成产业链断裂，商业生态崩溃，最终危及企业自身的生存和发展。

其次，企业个体如果只关注自身利益而忽视对他人的影响，就会破坏市场公平。守规则需要背负“额外”负担，逃避责任反而可以轻松地获得优势，不仅有违社会公序良俗，还会形成负面导向，引起其他个体纷纷效仿，导致群体性自私泛滥，产生“劣币驱逐良币”效应，诞生畸形的“互害型”报复链，使任何企业都不能置身事外。

为什么人们同情影片《我不是药神》里卖平价“盗版药”的罪犯，而憎恨发明正版药的厂商？因为每个人都有活下去的权利，天价药的可恨之处在于：

给人一线求生的希望，却又在榨尽病人口袋里仅剩的一个铜板之后见死不救，任其再次跌落绝望的深渊。

在众多企业消亡的案例中，不乏曾经的“明星”企业和500强公司，导致他们失败的原因多数并非“亏损”，而是一些常见错误：傲慢、自负、缺乏沟通、疏于管理、贪婪及其他阴谋诡计。

约翰·马凯在《利润是手段，不是目的》一文中谈道：“其实，商业同医学、法律和教育事业一样，都是通过提供商品和服务来改善顾客的生活，给雇员提供就业和有意义的工作，为股东创造财富，也为社会进步承担责任。”成品油是关系国计民生的重要物资，控制经济社会发展的命脉，其供应状况、价格变动，对各行业传导力度大，影响程度深，持续时间长，石油企业对自身背负社会责任的认识也应当比一般企业更为深刻。

自企业初创开始，双重属性便随之而来并将伴随一生。有时，履行社会责任必须主动放弃自身现实的利益，付出额外的成本，甚至承担不必要的风险，并不符合企业利润最大化的“经济理性”。却因为尊重他人利益，优先选择让别人获得方便，树立“负责任、有担当”的正面形象，有益于群体和社会而广受关注、倍受尊敬，符合“实践理性”。例如，2008年“加多宝”因亿元赈灾义举成为关注焦点，随后迅速扩散并演变成事件营销，就是极好的证明。

【案例】广州石油火村东南加油站经理高松留意到停车区停靠的一辆卡车，一对夫妻正坐在车里馒头就白开水，于是热情邀请他们到“卡车司机之家”吃了一餐热腾腾的晚饭，还让他们洗了热水澡，让夫妻俩感动不已。

两周之后，30余辆卡车陆续来到加油站，成为加油站“定点”客户。原来，是刘师傅把他的际遇发到了朋友圈，大家都知道了。“今儿我把兄弟们都带过来了。”刘师傅笑着说。

据统计，全国卡车司机超3000万人。一天24小时，他们有13个小时都在赶路，近12%的司机还携带“卡嫂”及孩子，吃饭难、休息难、洗澡难等问题困扰着他们。为解决卡车司机的难处，中国石化推出“卡车司机之家”服务，相继建成近2000座“卡车司机之家”，为司机朋友提供包括洗浴、餐饮、洗衣、休息等“9+X”免费服务及精准导航、物流平台信息共享、轮胎团购等线上服务功能。

事实上，不止“卡车司机之家”，各地石油公司还根据实际情况，自发推出“环卫驿站”等公益项目，广受市场赞誉。

能力越大，责任越大，当企业发展壮大到一定程度，管理理念和水平也当一同进步，以相适应和匹配。社会责任依附于企业对利润的追求而存在，一味强调企业的“社会责任”而忽视其赚钱的天性，则会扼杀企业活力，让市场运作停滞，经济社会发展倒退；也不能一味强调企业的“经济责任”，从而加剧矛盾引发社会问题。利润最大化需要接受社会责任的限制，进行适当的平衡，防止因追求利润而不计后果，不择手段。安·兰德在其著作《自私的德性》中提倡“理性自私”，即：“用‘理性’对‘自私’进行有效的制衡，就是在关注自身利益的前提下，克制盲目的欲望和随意的奇想”。

1.2 善意：营销实践的通行证

思维方式的相似性、心理结构的共通性，让企业呈现出较多的“公民”特性。“企业公民”信守“爱国、敬业、诚信、友善”的社会主义核心价值观，与普通公民并无二致，这是企业开展经济活动、履行双重责任的自觉追求。

由于履行双重责任的需要，企业活动已经自然融入社会基本价值，或者换个角度观察，企业的社会责任和经济责任正是“爱国”“敬业”的核心价值观外化的表现形式。

一方面，每个人都有自我保护的本能。由于信息不对称，衡量商品价值本身主观性极强，顾客经常处于交换的弱势一方，自然会把自己的利益与企业对立起来；另一方面，人与人需要相互依赖，只有通过合作与交换才能真正实现双方的利益。作为企业最重要的功能，营销必须具有某种打破僵持的特性，以频繁地促成合作与交换，为双方实现价值创造。

“诚信”即诚实无欺、恪守信用，也包含着善意，是为人处世的道德基石。

市场经济就是诚信经济，在电商刚刚兴起的时候，交易双方常常因为缺乏互信而导致交换失败。即便可以通过签订契约的方式，预先规定各自的权利与义务，也必须引入“诚信”的道德维度，否则契约合同不过是一纸书面形式的君子协定，一旦逃避契约责任超过信守承诺带来的收益，就不能排除机会主义分子违约的可能性。

消除顾客戒备的最佳途径，不是扮演角色或例行公事，而是以满足顾客需求、帮助顾客实现自我价值为目标，表里一致、真实可信地置身于与顾客相处的关系之中，用“诚信”的态度与顾客建立起互信互通的桥梁。

“友善”是指人与人之间亲近和睦，“友”是行为标准，“善”是内心态度。首先，“友善”包含了平等的原则，既不是对上的逢迎和依附，也不是对下的施舍或收买，切实保障双方利益，能够促成自由竞争和等价交换；其次，“友善”还包含了真诚的态度，合作的愿望。

“善”减少矛盾，是共生的力量，是社会和谐的润滑剂。在国内成品油市场化进程之前，石油企业长期处于行政调控的强势地位，曾有“油老虎”之称，即便是在市场化提速之后，仍然具有一般企业所没有的话语权。石油企业奉行“友善”的核心价值观，对成品油的完全市场化具有特殊的意义。

“善意营销”应该摒弃功利性目的，不求关注和回报，长年如一日，把公益的基因注入到商业模式之中，即“公益心态，商业手法”。日常生活中，香烟盒上必须标注“吸烟有害健康”，甚至印上一些恐怖的病灶图片，以此作为警示；网吧规定未满18周岁不得入内，网游实名注册且开放时间被限定为节假日一个小时，从根本上杜绝自控力弱的青少年无节制地沉迷游戏。“友善”企业更容易进入新市场，政府欢迎那些能改善民生的企业来投资，即使在监管力度非常严的市场中，友善企业也会获得更大的行动自由；顾客喜欢“友善”企业，善的理念能够获得更为广泛的共鸣和认同，企业由此得到最为强力的信任背书，与顾客建立起一种可持续的品牌关联，因此长期受益。

马克思曾批判资本主义的“伪善”，说他们“一些貌似友善的行为，实际上是一种‘买卖’。”一边制造污染、偷逃税收、掺杂使假，另一边做点慈善公益，就企图功过抵消；有些企业戴着“友善”的面具进入市场，一开始烧钱补贴，一旦取得垄断地位后就开始收割，定向推送、虚假宣传、诱导消费、大数据杀熟，最初的善意荡然无存；“原罪”更不是企业发展的必需品，随意夸大商品功效，滥用市场支配地位，过度营销，或者在灾害发生时囤积居奇获取暴利，即便短暂地赚很多钱，也会被贴上“不良”标签而被市场和顾客抛弃。

企业的科学发展需要先进的文化理念来支撑，将社会主义核心价值观渗透于企业文化之中，不仅有助于完善企业文化，更是融入市场实现价值创造的必由之路。

1.3 不断进化的营销理念

营销的瓶颈，往往不是营销理论和技巧的缺乏，而是营销理念的限制。

稻盛和夫被誉为日本“经营之圣”，他白手起家创造出两家世界500强公司，更是在78岁高龄时涉足自己完全陌生的领域，仅仅只花了300天就让日航集团从濒临破产到扭亏为盈。然而，稻盛先生却否认这是经营的功劳，他认为产生这种戏剧性变化的原因，在于把“敬天爱人”的核心价值观导入日航，并由此建立了新的日航理念。

马斯洛需求层次理论揭示，人的需求从基本需求逐渐向更高层次发展，消费者购买商品时也呈现类似规律。事实上，研究营销理论发展史就会发现，随着经济发展和消费升级，营销的主流价值观也在相应地发展和升级。

4Ps产品（渠道）导向阶段，市场供应还不十分充裕，人们为了商品的实用功能而购买，营销人员还局限在“推销员”的状态，工厂生产什么就销售什么，营销理念尚处于“卖产品和服务”的初级水平。

4Cs顾客（市场）导向阶段，供应进一步充裕，同类产品开始丰富，人们有了更多选择权，营销人员进入“导购员”时代，注重顾客差异化、个性化需求，提供定制化产品，营销理念对应提升到“提供问题解决方案”的层面。

4Rs关系（竞争）导向阶段，将企业营销活动提高到宏观和社会层面来考虑，营销人员扮演“经纪人”角色，开始考虑顾客需求的合理性及影响，营销理念也拓展到“价值创造”的高度。

4V、4E效率（数据）导向阶段，商业模式更新，“新零售”依托于科技和数据连接消费者、场景和商品，打造出一个全新平台，营销人员身份转换为

“合作伙伴”，以顾客目标为目标，在成就顾客的过程中成就自我，营销理念也跃升到“帮助顾客成功”的境界。

大家知道，选用车用汽油应当按照压缩比进行匹配，绝不是越高越好什么车都适用。高压缩比的发动机选用低标号汽油，发动机容易产生爆震，造成故障，损坏机件；低压缩比的发动机选用高标号的汽油，不仅浪费，对发动机也没什么好处。

以98号汽油零售为例，遵循“卖产品和服务”理念的营销人员会为了KPI或者提成，他们不分车型，杜撰出“高标号油耗低”等说辞，一味强推高标号销量；倡导“提供问题解决方案”理念的营销人员会按照压缩比进行匹配推介；奉行“价值创造”理念的营销人员可能会建立顾客群，引入非油商品、汽车后服务等各种互促活动；信仰“帮助顾客成功”理念的营销人员则会整合高端品牌资源，引入车商、广告商以及其他高端商品供应商，组织自驾体验活动，让车主感受“动力与操控、速度与激情”，享受新的生活方式。

【小故事】2019年暑假，笔者正好有闲陪家人到省外自驾。在两省交界的高速服务区加油之时，却碰上了一桩糟心事。加油员打开油箱盖尚未加油，就跑过来说：“师傅，你这油箱压力好高啊，打开都有油气喷出来了，大热天的太危险了”，看样子很着急。

我一愣还没来得及反应，加油员就自顾自推销起某燃油添加剂。幸好我也算“内行”，知道油箱排压是正常现象，虽然之前没有类似经历，约莫猜到这只是一种推销话术。但这话确实把同车的家人吓住了，直到出站以后还在一个劲问有没有问题。

后来才知道，是推销员为了完成销售任务，获得高额奖励，片面夸大商品功效，虚构燃油添加剂“省油”的作用，编造“油箱压力过大，影响安全”等话术。正品的燃油添加剂经实验证明确实有效，可惜营销手段低劣，难怪声名被毁。

这样的遭遇并非只有我一个人经历，据《中国消费者报》某站报道，短短数月就接到30余起关于加油站强制推销燃油添加剂的投诉，在报社的积极介入下，投诉得到了妥善处理，与加油站合作的第三方公司出面为消费者办理了全额退货退款，并将处理情况进行了书面回复。

不同营销境界，带来不同营销结果。把赚钱放在首位，营销就沦为赚钱的工具，满足顾客需求只是实现利润最大化的手段。把顾客利益和社会责任放在前面，满足顾客需求本身就是企业的追求目标，营销就成为价值创造的手段。

企业需要从长期积淀的文化底蕴中精炼全员所信奉的是非标准和行为准则，培育和铸造与时俱进、有益于客户、员工和社会发展的价值内核，这不但是营销晋级的正确途径，也是别人难以复制和移植的“基因密码”——决定企业延续和传承的生存之道。

第2讲

把运营做到极致

“产品导向”理念属于卖方主导的市场观，直到供应充裕，市场发展到“客户导向”阶段，日益激烈的竞争让营销越来越受到企业重视，似乎只要运用营销战略，就可以快速打开局面、实现短期KPI或者渡过眼前危机，在市场竞争中脱颖而出。

一番热闹炒作，确实能制造出短期繁荣，于是“点子策划”盛行，言必概念，动辄爆品，方案追求新奇独特，效果务求轰动震撼。对营销过度依赖并产生过高的期望，反映出部分人走捷径的急躁心态，持续投入让企业不堪重负，而营销效果却逐步衰减。

企业需要清醒地认识：创意和技巧只是营销的华丽外表，运营才是内在的朴素本质。运营多是为营销服务的基础性工作，归属于广义的营销范畴，与营销并没有清晰而严格的边界。恰恰只有当两者合并统一，共同发挥作用，才能走出“重策划轻运营”的误区，形成可持续的竞争优势。

2.1 庄家思维

麻省理工学院的数学天才马恺文和他的朋友们利用一种巧妙的数学体系破解了21点，从赌场赢得巨额财富。他们的经历被写成了畅销书《决胜21点》，《华尔街日报》称他们为“撼动拉斯维加斯的男人”。随着以他们为原型的同名电影热映，破解21点的技巧也流传开来。

越来越多的赌徒去研究并试图破解，使21点成为最受欢迎的赌博游戏之一，奇怪的是赌场并不紧张，不但没有破产关门，反而越发赚得盆满钵满，让人怀疑《决胜21点》倒像是赌场专门安排用来引人入彀的促销宣传。

为使赌局表面看起来更加公平，职业赌场在规则和赔率上仅保留了微弱优势，意在引诱更多赌徒心存侥幸大胆押注，而赌场通过下注规模获得异常可观的稳定收益。这种在规则和赔率上保障赌场赚钱的微弱胜算概率，称为“庄家优势”。

经过长期的市场磨砺，企业在专业水准、信息资源以及采购渠道等方面比客户更具优势，这种优势往往被作为营销资源投入竞争而消耗殆尽，只有通过运营整合资源、激发潜力，用效率提升所获得的微弱胜算换取“庄家地位”，才能积累优于对手的足够竞争优势。

熟悉成品油市场的人应该知道，一年之中真正赚钱的行情只有为数不多的几波，但其余时间绝不是做无用功，除了不间断地维护市场和客户的需要之外，其奥秘正在于“长期赚小钱”。

资本逐利，合理而较低的利润率是天然的竞争防火墙。资本就像嗅觉灵敏的猎狗，哪里利润率高就冲着哪里去，越是处于优势领先地位，越是引发关注，成为市场竞相模仿的对象和竞争对手攻击的目标。充裕阻碍创新，处于顺境的优越感让企业的反应能力逐渐钝化，“守成”的想法一旦在企业中占据主导，“充裕性陷阱”就开始发挥作用，创新活跃度逐渐降低，招致危机。反而是利润率偏低的行业和领域，因为缺乏吸引力，大资本缺乏耐性不想进，小资本规模不足进不去，在资源不足、条件有限的不利境况下，恰恰是弱化竞争最理想的安全港湾。

消除壁垒，降低客户心智交易成本。对消费者来讲，花小钱没负担，他们不愿意承担由此增加的额外成本，在原本不高的交易成本上进行过多的思考和选择，消费心理称之为“刺激强度低于阈值而很难引起关注”。以汽车为例，整车销售的暴利时代早已成为历史，却很少有人关注汽车零配件的“零整比”，随着车价降低、用户规模大幅增长，4S店盈利的模式和渠道都发生了改变，不仅没有因为销售利润下降陷入生存危机，反而在汽车的日常保养、维修中持续获取到更大的利益；2020年油价大跌时，一则“油比水便宜”的消息在朋友圈疯传，实际上，一直是水的价格太高，仅仅只是因为2元/瓶的价格让人一下子感受不到而已。

渠道分散，异质性越大稳定性越强。所谓异质性，是指客户在行业结构、规模大小、需求偏好、购买频率等方面的发散程度。不同类型客户在季节时点、品种结构、节奏频率各方面各具特点，发挥此消彼长的互补作用，“东方不亮西方亮，黑了南方有北方”，有利于销量规模稳定、利润率维持在一定水平。大客户议价能力强，拥有更多话语权，忠诚度反而不高。过度依赖少数大客户很危险，将导致经营质量下降，客户稍有变化就会让企业承受很大风险。企业应当重视大客户，却不能依赖大客户，既要短头更要长尾，长尾所具有的异质性对企业的意义，也是一种特殊的庄家优势。

理解波动，重视和保持长期视角。锁定庄家优势的法门在于保持策略的连续性和一致性，尽管优势微弱，只要交易能够持续，收益就会不断增加并变得稳定。但是，市场短期性负面波动经常给企业造成困惑，诱使企业改变策略，从而丧失既有优势，当市场进入持续负面波动区间，亏损就很难避免。如成品油于2013~2014年连续下跌13次，亏损显然不是职业经理人操作失误，倘若就此退出，损失就定格为结局；如果把视野扩大到5年范围，就会发现其后3年的行情，则主要趋向于正面波动，只有把这5年作为经营的一个完整周期，持续经营的优势才会有比较清晰的显示。

市场波动潜藏风险，也蕴含机会，天下没有包赚不赔的生意经，经营的乐趣正在于市场的不确定性。不想成为短期波动的牺牲品，就应该站在长期视角之下，忽略短期波动，以平常心应对胜负盈亏，而不对短期结果过度反应。

2.2 持续周转

轻装则快，负重必慢。市场平衡的结果和普遍规律是：赚大钱必然是慢钱，即周期偏长；赚快钱则必然是小钱，即利润率偏低。有学者将周转率与利润率的一般关系归纳为“资本逐利，实体经济各行业竞争，基本结果如下：周转快的业务及构成行业毛利率低；周转慢的业务及构成行业毛利率高。”

成本费用具有一定刚性，而市场只接受公允的价格，不管企业的具体成本，这使得企业很难通过涨价弥补亏损或获取超额利润。不同企业经营成果的差异，主要在于运营过程中周转率的不同。

周转快的业务及构成行业应当尽可能加快周转速度。“周转快”是这类业务及构成行业的基本特点，因此应该顺势而为加快周转，而不是一味地调高价格、追求毛利，违背基本规律。“薄利”以“多销”为前提，这意味着在占用资金相同的情况下扩大了销售规模的基数，成品油批发即属于此类业务。有些商贸公司单次毛利率仅“一两个点”，诀窍就在于高速周转，只要周转次数足够多，利润总额就有保障。

周转慢的业务及构成行业应当确保固有的利润水平不降低，避免盲目降价打折。降价可以轻易地丢掉优势，却很难改变这类业务及构成行业“周转慢”的基本特点。降价促销固然有利于加快周转，仅仅只是从局部和短期观察的结果，如果竞争对手跟进，则又很快恢复到原来的周转水平，而整个行业的利润率被拖累，下降到一个较低水平。

因为周转慢，更需要强化运营、提高效率。据某石油公司统计，全市因为高峰期卸油停售所流失的销量，相当于关停了几座万吨站。一年365天8760个小时，关键的几百个小时浪费了，有效运营时间打了折扣，使销量和效益蒙受了巨大的损失。还有些加油站，高峰期当班人数不足，现场排队拥堵，周转减慢，导致顾客体验下降，客户流失。追求极致的运营效率，就绝不会容忍工作中存在类似的瑕疵。

7-Eleven便利店的店名就是营业时间“早上7点到晚上11点”，当大多数店铺还在执行早8晚7的作息时间，7-Eleven便利店就将“营业时间比传统店铺持续更长”作为竞争的核心要素，方便顾客同时增加销售机会，相当于周转次数同比增加45%，因此大获成功。

快速周转的另一个附加好处是及时回笼现金。很多企业排斥赊销，即使并没有坏账的实质风险。假若采用赊销的方式，不断增加的应收账款将拖累整体业务的周转，关键时候这种影响足以致命，特别是在低毛利率的情况下，任何额外增加的成本费用都可能使全部努力趋于归零。

持续周转，即便很多时候并不赚钱。倘若亏损已经注定，则需要在以后的周转中逐渐消化，而不是把高价库存冻结在手中，等待行情反弹后再“解套”，这意味着在等待的过程中，将坐视市场份额日渐萎缩，白白损失若干机会。

2.3 整体优势

并不是传统企业不需要运营，在真正开始销售之前，搭建组织架构、明确人员分工、设计工作流程，这些基础工作必不可少，只是按照传统企业的运行逻辑，这些职责属于基础性、辅助性工作，因此不受重视。

与此相反，新兴互联网企业部分营销工作已经被运营所替代，由于两者的商业模式不同，组织结构、资源配置等方面各有侧重，运营的实质也有很大差异，却代表了某种趋势。

营销是对外的，追求数量和规模，在付诸行动以后就不再保有任何秘密。市场的模仿抄袭，竞争对手的跟随狙击，让企业不可能长期独享某个创意，很难建立一个长期有效的竞争壁垒；运营是对内的，追求效率和效益，由于过程的计划、组织、实施和控制不同，相同的事情给不同的人做，就会得到不同的结果，过程越长，环节越多，结果的差异越大。运营就是正确地做事，同样的事比别人做得更好，把若干微小的优势汇集在一起，形成一个长期持续的整体优势，周转率就是其中反映运营能力极为重要的指标之一。

优化流程是运营的首要任务。即使当初的设计已经不合时宜，一般情况下也不会有人去冒险质疑那些已经成熟的经验和行之有效的做法。运营不断重复进行的数据分析、复盘反馈的工作方式，能够避免上述弊端，因而更加适应不断变化的市场形势，为找到资源整合的最优方案提供了可能。

【小故事】有两家面馆相邻，价格一样、味道也差不多，服务员都很热情，店里也总是坐得满满的。一年下来，左边的面馆赚了钱，右边的面馆却维持得很辛苦。原来，刚出锅的面条很热，左边的面馆老板提前准备了一盆凉开水，出锅的面条过一下上桌马上就可以吃，而右边的面馆客人得慢慢等面条凉下来。看起来餐厅里都坐得满满当当没有差别，无形之中左边的面馆就多卖了很多。

对企业而言，每去掉一个多余环节，就减少一个延误工作的可能，同时意味着大量时间的节省；涉及客户的流程，内部可以增加步骤，把工作做在前面，烦琐留在内部，而让客户的操作尽可能简单。优化流程就是精简冗余环节、提出过时流程、调整先后顺序、合并相似部分，打破原有流程重组流程架构。例如，某地市公司在做加油卡地推的时候，提前预制好不记名加油卡，待收集客户资料后，再注册为记名卡。实际上重排了加油卡发卡流程，内部操作也被分为两段，客户等候时间减少、体验改善，发卡量就上去了。

其次，必须考虑资源的合理配置。生产设施和劳动力的优势是运营极为重要的市场竞争武器，由于企业受资金、人员、设备、材料以及研发能力等资源的限制，必须合理配置资源才能有效运转，尤其是零售服务业容易受人的因素影响，合理运用有限资源是必须考虑的问题。

加油员的工作性质更类似于流水线操作，把营销推介强加进去的确很勉强，这本来应该是导购的工作。而导购是加油站长期以来缺失的岗位，过去因为工业的属性太重，而忽略了商业的属性。

从加油站现场的工作量分布情况来看，汽油车单次加油量小，提枪频次高，从优化用工的角度出发，用自助替代汽油人工加油似乎可行，如果从运营的角度去考虑不同客户群体本身及需求存在的差异性，柴油自助应该是更好的选择。稍加留意就会发现，两种选择其效果差异已经显现。

无人零售可以实现顺畅运营，却不能解决营销的需求，也没有充分考虑加油站售卖油品的特殊性。优化不等于一定是做减法，为了使企业把自己的人、财、物集中在核心业务上面，可以研究非核心业务外包，这是运营需要考虑的另外一个问题。

成品油零售运营涉及进站率、通过率、加满率、回头率等多项指标，其实质无外乎整合资源，重新定义零售“人货场”三要素，通过高度的场景化，最佳的体验感，极致的商业效率，达成成本效益最优的目标追求，为竞争制胜提前蓄积足够的势能。

第 3 讲

灵活就是要解决问题

物资匮乏使需求具有“刚性”，而商品充裕带来更多的选择，使市场变得“柔性”，客户需求呈现多样性、多向性变化。正是这种不确定性，要求企业快速转换生产工艺或调整服务流程，以适应市场环境变化，迅速响应客户需求的更替。毋庸置疑，“柔性”强的企业更具竞争优势。

客户价值与“柔性”营销思想的融合，促使企业必须建立自我调整和不断自我完善的机制，以权变思想为指导，动态地适应内外部环境和条件的变化，灵活分配营销资源、组织营销活动、运用营销手段，有效地满足客户个性化需求，增强企业应对多变环境的适应能力和竞争制胜能力。

3.1 找准比较优势

在影响营销效果的诸多因素中，价格最具灵活性，也是决定性因素之一。定价通常与企业战略直接相关，产品定位为高端化还是经济性，客户是小众化还是普及型，决定了产品路线和目标受众范围。因此，稻盛和夫认为“定价即经营”，价格关乎企业生死。

定价的艺术，是在企业能够容忍的最低价格和客户乐意接受的最高价格之间取得平衡。企业能够容忍的最低价格，应当是进货成本和流通费用之和；客户乐意接受的最高价格，是市场上同类产品的主流定价，而不管企业的进货成本如何。价格竞争归根结底是成本竞争，这意味着处于低成本水平的企业可以获得高于行业平均水平的收益，当别的企业在竞争过程中已失去利润时，低成本企业仍然可以获取利润。

成品油市场行情波动频繁，科学制订采购计划，合理调控存货数量，通过库存运作可以大幅度降低平均进货成本，这是运营极为重要的组成部分，也是价格竞争的先决条件。

大部分客户喜欢短线操作、注重短期利益，因为缺乏专业知识、操作经验不足，不能冷静分析涨跌的原因和空间，盲目跟风，“买涨不买跌”。

当预期市场价格上涨，客户就会抢购，提前释放购买力。如果客户集中采购的所需的现金不足，会转而求助于票据结算、信用额度等比较灵活的结算方式。否则，应购买力限制，购买欲望不能及时转化为有效需求，对扩大销售不利。

洞察客户需求实质发现：客户购买并不是急于使用，而是规避涨价风险，按现价锁定未来一定时期内的需求，实际需要的是按现价提货的权利。那么，只需确定期权的价格或者以定金的形式进行担保，就可以将客户的购买欲望锁定为现实的交易。

【案例】2007年末，一场柴油荒席卷全国，四川位于成品油调运末梢，供应形势尤为艰难，加油站排起了长龙，黑市价格暴涨，紧张局势一直持续到第二年汶川地震之后。

此时，金沙江中游河段“一库八级”最后一个梯级水电站——观音岩水电站刚刚开工，采购部负责人打了一圈电话却没能买到1吨柴油，眼看工程就要因为断油停工。不得已，只好匆匆赶到市能源办求助，虽然项目属于

“十二五”期间国家重点工程，却并不属于赈灾保供范围，能源办也无能为力。

这一幕被SH石油公司正在参与保供轮值的营销部黄主任看到，于是把采购部负责人带回公司，汇报情况后想方设法调剂出50吨柴油，采购部负责人喜出望外，这已经远远超出他心底预期的数量，眼前的困难总算顺利渡过了。

很快，市场供应逐步恢复正常。在以后长达八年的建设期内，观音岩水电站一直没有更换过柴油供应商，最高峰时年需求量2万多吨，成为SH石油公司忠诚的大客户。

市场形势瞬息万变，当大部分人还在考虑保供的时候，少部分人已经敏锐地观察到市场未来的变化，并且立即抓住了开发新客户的机会。因为到货不均衡，成品油市场局部性、阶段性供应紧张时有发生，每逢此时，某石油公司就会组织开展促销活动，不得不说，反其道而行之的“拉新”效果确实超过资源宽松时期。

当预期市场价格下跌，客户就会延迟购买，持币期待更理想的购买时机。不过，他们必须应付好眼下的急用。2020年初，国际原油一路走低，国内成品油市场需求低迷，部分地方炼油厂为降低库存、回笼现金，开启“期待未来更便宜”式创新营销，主动按照未来可能的低价预售“期货”，或者以保证金为抵押进行“现货融通”，用这种方式打消客户顾虑，力求实现一种新的平衡。

价格策略运用通常会综合时间、地点、类型等因素形成矩阵，避免单一，但竞争手段并不限于价格，还必须延伸到产品、渠道、包装等各个方面。如乡镇加油站客户以摩托车、三轮车为主，很多车况已经老旧，灵活的加油员将汽油车用燃油宝分拆按“盖”销售，一个月下来竟然也能销售上百瓶，厂商受此启发，直接催生出摩托车专用燃油宝。

▲

【案例】某边城小县城郊，一座中字头的加油站装潢高档。然而，入口紧邻的一排铺面却被两公里外的竞争对手全部租赁下来，不但打出“XX加油站，加油免费洗车”的巨幅广告，整个外墙的配色也与隔壁加油站形成强烈反差。

或许是当初觉得这些铺面没什么用处，不曾想被对手钻了空子。宣传和服务被做到了门口，想后悔都来不及。

善于变通者距离创新仅一步之遥。企业不能只满足于卖产品和服务，还要从品牌、品质、品位等全方位满足顾客更高层次的需求。同样是销售成品油，保守的营销人员还停留在打电话、上门拜访的方式，为每吨三五十元的优惠跟主管争得面红耳赤；做得更好的营销人员凭借自己对行情的独到的见解，在进销节奏上帮助客户出谋划策，获得客户认可；更高明的操作方式是输出品牌、管理标准、运营模式和经营理念，把个人业绩与客户的经营成果进行牢牢绑定。

无须比较，高下已判。

3.2 真正理解客户需求

乔布斯曾经说："如果亨利·福特在发明汽车之前去做市场调研，他得到的答案一定是消费者希望得到一辆更快的马车。"

其实，消费者的真实需求是"更快"，"马车"只是实现目的的工具，或者说是已知并现存的解决方案，而"更快"才是需求本质。如果只是顺应消费者的表面需求，就会局限于改良现有解决方案，满世界"寻找更好的马"，花费巨资设计打造"更舒适轻快的马车"。福特创造了一种全新的、满足更快需求的解决方案——汽车，很快取代了马车。

有的时候，客户并不清楚自己到底需要什么，因为没有确切的参照物，他们无法回答出"现实中并不存在的东西"。

零售业竞争最早表现为跑马圈地式的网点扩张，"阵地战"从一、二级市场逐步渗透扩张到三、四级市场，不断提高覆盖率。竞争对营销的影响越来越明显，对同质商品，获取的便捷性成为客户选择的首要因素，谁开店快、开店多，就具有比较优势，就能占领更多的市场份额，获取更大的话语权。

据公开数据显示：截至2018年底，中石化、中石油“两大集团”所属加油站点合计5.5万座，以52%的零售终端数量比占据了国内成品油零售75%的市场份额，即“两大集团”的站均销量是普通加油站的2.8倍，网络效应可见一斑。

加油必须到现场的特点，让网络零售一直被隔离在油品行业之外，在移动支付逐步替代现金的大环境下，仍然未能撼动加油卡的地位，“无感支付”仅仅局限于少数站试点。直到2019年末，新冠疫情突如其来，不下车加油成为客户和加油员工的“刚需”，“无接触数字化服务”应运而兴，没有线上支付功能的加油站则运营艰难。

为变革自救，“创意”营销横空出世，有加油站“别出心裁”以比基尼促销“一站成名”。相比之下，仅仅是把促销品调换为“口罩”的常规促销，以及便利店售卖蔬菜和生鲜，“加油送免费理发”等看似寻常的便民之举，却大受好评。可见，好的创意应当是有规则的灵活，有边界的发挥，而不是哗众取宠，搞些不切实际的噱头。

真正理解客户需求，首先需要搞清楚谁具有真正的购买决定权。机构型客户选择加油站，防范舞弊的需要通常更为迫切，只有管理规范的加油站才符合他们的要求。任何放任或配合驾驶员违规的变通，如：油“非”发票混开，给限定车号以外的车辆加油，套现，这类“灵活”违反企业制度，损害客户利益，严重影响持续合作。

真正理解客户需求，需要洞察需求本质，为客户提供最佳解决方案。高速公路车流如织，服务区加油站可谓“黄金口岸”，同时也是货车燃油盗窃犯罪高发地。加油站建起了免费的“卡车司机之家”，配套服务几乎覆盖了长途驾驶的全部“刚需”，并且长期开展加油满额免费就餐活动，但真正能够吸引驾驶员的举措，却是加油站提供一个安全的停车环境，用“失窃赔付”的承诺打消驾驶员最后的顾虑。

保持“用户视角”不能仅仅“为顾客着想”，这只是站在企业的角度“尽最大努力”，通常会让步于企业眼前的利益。尽管不符合企业的利益，也要坚持按顾客的需求执行，这才是“站在顾客立场”思考的工作方式。虽然花费了高额成本，造成一定时间内的低效率，但是最后的成品能够让顾客产生共鸣，就一定可以获得成功，确保收益。

“在丛林里，最终能存活下来的，往往不是最高大、最强壮的，而是对变化能做出最快反应的物种。”危机催生变革，突发性“黑天鹅事件”虽然让人猝不及防，剧烈程度却足以引起多数人关注，反倒是那些渐进式的变化，看似留下了足够的应对时间，却最容易被忽视而酝酿出更大的危机。

灵活的最大障碍，不是机械执行企业的规章制度，拘泥于条条框框的限制，而是观念保守。**当你盯住对手的时候，对手盯住的却是客户。**竞争心态停留在如何超过对手，而真正的对手是“瞬息万变的顾客需求”，只有将视线对准买方需求，才能跨越竞争边界开启新的“蓝海”。

第4讲

管理不能置身事外

商战如兵战，因此，兵争战术很早就被应用到治产经商之中。决定战争胜负的因素主要有两个，其一是兵力，其二是后勤补给。如果战斗力不相上下，后勤补给就是决定性因素。

市场竞争首先是实力比拼，取决于各方营销资源的投入量，如果实力相当或者一时僵持，企业能否给予更加充分的支持，进一步提高响应速度，改善运营效率，甚至直接从预备队变成生力军，主动分担任务和责任，常常是决定胜负的关键因素。

“工欲善其事，必先利其器”。企业内部形成合力，可以使复杂问题简单化，在合适的时机、合适的地点做出正确的决策，将资源和能力配置在起决定作用的战略方向，从而持久地超越竞争对手。

4.1 适度管理

管理的有效性体现在对完成目标是促进还是约束。一般来讲，企业往往对管理缺位特别关注，而对过度管理的危害鲜有提及。将“从严管理”作为常规方式，实际上是从一个极端走向另一个极端。

“管”是细长而空心的圆筒，实心的叫“棍”或者“棒”。如果毫无回旋通融的余地，不能称之为“管住”而是“棒杀”“管死”。“管”的要领是把事情控制在一定空间，这个机动范围就是“灵活”的边界。过犹不及，控制的范围、程度和频度要恰到好处。

“理”的本意是指事务的纹路，喻指其内在规律。事务表面上繁杂无序，内部却自有道理，“理”是打开事务内部秘密的钥匙。通常，“理”也指“按事物本身的规律或依据一定的标准对事物进行加工和处置”。

人们习惯于把“管和理”视作一个整体，实际上，两者作用的力度和方式截然不同：“管”是用外力进行限制，强行约束；“理”注重由内引领疏导，讲究顺势、借势。如果执行者总是被动、机械地开展工作，目标和任务仍然可能完成，却不太可能创造性地完成得很优秀。

重点放在“管”上，还是落在“理”上，形成不同的管理风格，所采取的行动方式也大相径庭。行政干预越少，即轻“管”重“理”，越是有助于灵活营销。

当然，这只是管理内部的平衡，更重要的是管理和营销之间的关系处理。主要考虑以下原则：

（1）**坚持营销先于管理。**企业创立之初本没有管理，在生存的压力下开拓市场最为要紧。随着营销成果扩大，为了防范风险和提高效率，管理才分化出来成为一种专门的职能，从这个角度观察，营销天生就先于管理。营销与管理的关系如同“水”和“渠”，先有“水”自然水到渠成，没有“水”纵然开渠引流也是白费功夫。

如果把营销和管理比喻为人的两只脚，营销是左脚，每迈出一步，作为右脚的管理必须实时跟上，规章制度的修订要顺应市场趋势，否则就会拖后腿；右脚迈得太快，说明管理营养过剩，太精细超前，营销没有发挥的空间余地，

“当管理水平超过营销水平的时候，企业就危险了”。

高明的管理要适当留白，营销、管理交替前行才能促进企业的发展。营销引领管理，是企业的发展逻辑，这个阶段可以是一年半载，也可以是两年、三年，都属于正常范围。

（2）坚持营销重于管理。管理产生于营销活动之中，没有营销就不需要管理，孰轻孰重一目了然。然而，“重营销轻管理”经常被当作企业大忌，作为问题加以批判，使重视营销者颇为忌惮。事实上，现代企业的营销与管理早已密不可分，营销包含管理并融于管理过程之中，管理影响营销并深入营销，如果有问题就是营销本身的问题。把企业最优秀的人才、最先进的技术配置、运用在营销上，正是企业理所当然应该干的事情。

享受“灵活”的好处，就必须为之冒险。任何风险防范的措施都只是降低概率，而不是百分百地消除。企业应当建立和运用容错纠错机制为改革者撑腰鼓劲，把任何预期范围以内发生的损失，当成是为“灵活”所支付的成本，而不能一概归结为问题。最大的风险不是损失，而是企业失去创新的动力，失去市场和客户！

4.2 角色转换

所谓“事不关己，高高挂起”，遇到问题习惯于说“不能办”的人员大多处于营销外围，没有业绩指标的压力。虽然并不直接面对客户，他们的态度却可以影响客户对企业的评价或者直接破坏交易。

“无关人员”总是“成事不足败事有余”，因为“成无奖、败无罚”，后果与其无关。企业的所有部门都必须有营销的考量，担负起营销的责任。当然，这并不是要求企业每个人都去做营销，更不是要求每个部门都分担营销任务，术业有专攻，这样对营销并无实质帮助。

当选手不当观众。营销先于企业的一切商业行为，并不是等产品生产出来、渠道铺设完成，才开始考虑营销的事情；而是早在产品设计之初，每个环节已经展开了营销的努力，把产品交给客户只是营销最后一个关键步骤。《纽约时报》的一篇报道曾指出，硅谷那些科技公司的一个重大优势就是没有设置人力资源管理部门，因为这种部门被视为“速度和效率的敌人”。就这个问题，杰克·韦尔奇指出：“人力资源这类管理部门口碑很差的原因，是大多数公司都把它们的行政职能与真正职能混淆在了一起。它们真正应该做的事情是：发现人才，帮助员工完善职业发展规划，建立能够改变员工和公司命运的优秀团队。”其中，当然包括发现、培训、激励营销人才，为营销提供支撑、创造好的环境。

要教练不要裁判。与管理的标准化、规范化不同，成功的营销必须具有拓展性和创造性。裁判只管执法，即使市场情况早已发生变化，他们也只会照章办事。稍有“犯规”就“叫停”，一旦“逾矩”就“掏牌”，从不轻易放过那些不符合现行规制的“小动作”，他们的职责只管说“行”或是“不行”；教练的职责，是指导和帮助，从专业的角度给予支持。由于现场情况复杂，具有很强的随机性，缺乏一个固定的解决模式，而规则修订普遍滞后于市场更迭和模式创新的速度。营销人员在应对新情况、新变化的时候，需要专业部门“教练式”干预和纠偏，进而找到解决问题的方法。

要当实干者，不做评论家。所谓灵活，敢于尝试就成功了一半。市场本身存在不确定性，营销机会稍纵即逝，不管是现场临时决断还是事前制定预案，都无法面面俱到皆大欢喜，也无助于改变供过于求形势下买方主导的强势地位。

成功的结果其过程未必规范，失败的结果其过程未必无序，如果过程存在瑕疵，结果不够完美，管理不能事前沉默而事后评论指责，犯“事后诸葛”的毛病。营销是一个综合性的动态实践，重要的是行动；创新是摸索和不断试错的过程，不在乎方案是否完美。

德鲁克有句名言：好的管理，有预见，静悄悄，平淡淡，不出英雄。

市场竞争是一场全员相关的综合实力的较量，最后的赢家一定是市场观念和营销意识最为深入人心的企业。不过，这些观念和意识很难自发形成，造成营销孤立如“小国寡民，使有什伯之器而不用”的现状。

国内企业招聘时主要考察人才的学识和能力，选聘高管或许会更加注重品行、修养，却鲜有正面提及哲学观和价值观的，然而这才是最牢固有效的黏合剂。反之，职业经理人选择企业也应当更加关注企业哲学。

只有价值取向相同，才能目标一致，萌生出使命必达的向心情感。当企业全员具备主动为营销服务的职业素养，着手在本职工作中灌注营销的意图，于产品设计之前就展开了营销的努力，实际销售就变成了最后成交那一个关键步骤。举全企业之力与对手的单一部门竞争，胜利的天平自然会向分量更重的那一方倾斜。

市场在哪里？

复杂产生选择，选择激发创新，创新进一步导致复杂。

成品油市场刚刚经历了一个从简单到复杂的过程，在不到二十年的时间里，供应渠道、零售终端、营销模式、竞争手段都发生了颠覆性的巨变。

习惯于行政调控的石油企业不得不放下身段，重新审视市场，开始站在客户的角度考虑问题。按照传统而有效的方法，市场营销的一般步骤包括：首先经过市场分析（MR），然后进行市场细分（S），选择目标市场（T），明确品牌定位（P），组合营销策略（4Ps）。

文中会尽量避开枯燥的概念和理论，尝试在成品油营销实践中去落实运用。

第5讲

批发与零售

由于历史原因，成品油市场化进程较普通商品滞后，价格形成机制尚未完全市场化，阶段性、局部性、结构性供求失衡仍然时有发生，导致资源流向失序，市场出现了批零同价、进销倒挂等乱象，让业务边界变得模糊。

要厘清其中的脉络关系，尚需从源头追溯。原油被开采出来运送到炼油厂加工为成品油，再经过一定的渠道流通到消费者的手中，建立销售渠道在西方经济学中就是分销的含义，具体范围包括商品或服务从生产者向消费者转移过程中取得所有权，帮助所有权转移的所有企业和个人（不包括供应商和辅助商）。

5.1 分销层次

商品经济发展的初期，并没有分销的概念。在规模化生产之前，生产者完全可以包揽生产和把产品交到最终消费者手中的任务；规模化生产之后，生产者既要提供满足市场需要的产品和服务，又要与消费者建立联系，以适当的方式快速送达产品和服务，实现这一过程所需的运输、仓储以及售后的系列活动过于复杂、烦琐，效率低下，经济性也未必最好，即使有可能做到，也没有必要去做。

随着社会专业化分工和经济协作水平的不断提高，出现了介于生产者和消费者之间专门从事买卖并赚取差价的中介环节，分销即是产品由生产者向最终用户流转的活动过程所需要经历的流通环节。

构成销售渠道的主要机构，包括批发商和零售商以及物流、仓储乃至整个供应链系统，大多数企业只是销售渠道中的一环。

产品流转从处于渠道起点的生产者到达终点的消费者，中间每经过一个环节就增加一个层次，层次越多分销渠道越长，一层渠道通常是零售商，二层及以上渠道包括批发商和零售商，商品经过层层加价以后到达消费者手中，价格就可能远远高于实际成本。可见，分销层级太多对生产者和消费者未必有利。

直接分销简称直销。当生产者不经过任何中间环节直接向消费者销售，零层渠道称为直接分销，属于渠道层次为零的特殊分销。安利和戴尔的产品不在商场和超市销售，消费者只能在其自有门店才能购买到，属于生活中常见的典型直销模式，前店后厂、前厅后厨、门厅服务、委托加工等，都属于广义的直接分销模式。

直销模式省去了中间环节而有利于利润最大化，便于产需直接沟通和衔接，缺点是难以满足小型化、分散化的市场需求，不能满足厂家广泛分销的需求。同时，厂家在广设机构和网点上受限于资金，营销的专业化程度也不如商业企业。

因此，当企业销售规模上升到一定程度之后，要么选择发展中间分销商，要么选择进一步专业细分，成立专业销售公司，沿着产业链形成上中下、产供销一体化的集团公司。白酒生产商通常不直接销售，而是通过经销商、代理商进行市场覆盖，快速回笼货款，偏好分销模式；成品油行业两大龙头企业中国石化、中国石油则属于产供销一体化的集团公司。

5.2 正在消失的边界

批发和零售是分销环节中的两种主要类型，按照分销渠道中所处的不同位置来划分，处于分销环节中间的是批发，处于分销层次终端的是零售，直接面对最终消费者。

人们更习惯用销售场所替代成品油分销渠道，把“通过加油站”的销售划分为零售，从油库提货的即为批发。某些石油企业在此基础上，把“批发”按购买用途划分为直销和分销，由此形成零售、直销、分销并列的“行规”。其中，直销的购买用途是使用；分销的购买用途是再销售。特别是在成品油供应偏紧的阶段，批发商出于利润最大化的本能，凭借市场强势地位向政策模糊的区域延伸销售渠道，向下兼容部分零售业务，造成业务跨界。

事实上，终端客户需求稳定、价格敏感度低，是商家追逐的优质目标，的确有必要进一步细分子市场。日常生活中，人们能够经常接触到服装城这类批发场所，他们经常打出“一件也批发”的牌子招徕顾客，由于销售对象直接面对消费者，即使客户享受到批发价格的优惠待遇，也不能改变其“零售”的业务属性。

按照目前最新的零售业态分类标准，总体上可以分为有店铺零售业态和无店铺零售业态两类。具体由食杂店、便利店、折扣店、超市、专卖店、购物中心等12种具有固定场所和空间进行商品陈列及销售的有店铺零售业态，以及电视、电话购物、邮购、直销、网上商店、自动售货亭6种无店铺零售的业态方式。因此，直销属于明确类别的无店铺零售。

但是，直销在形式和价格上更接近于批发，且市场开拓正好属于批发部门的优势；加油站经营毕竟以现场为主，首要任务是当好坐商，以优质的产品和服务牢牢吸引辐射半径内的客户需求。业务到底归属于哪个专业部门各有利弊，需要把握的总体原则是：必须确保市场覆盖无空白，客户开发无遗漏。

毕竟多数石油企业不是单一的零售公司，“重终端、轻批发”的倾向造成业务发展不均衡，不符合客户“异质性”的基本原则，厚此薄彼的态度导致了成品油资源宽松后批发客户抱团求生、另觅渠道。随着成品油市场化程度越来越高，终端客户的议价能力也逐渐增强，直销业务所能获得的额外利益逐渐丧失，继续沿用资源紧张时期的理念和办法来管理终端市场，已经不合时宜且有违市场细分的初衷。

在一体化经营的石油公司内部，批发和零售部门分分合合，尝试摸索出效率最优的方案。其中，建立在大营销部制基础上的分工方式并引入阿米巴经营理念，似乎是目前较为有效的解决途径。简单来说，就是在大营销部内按区域设置若干小团队，称为营销片或组，兼顾所属区域内加油站现场管理、批发和零售大客户开发。

2019年8月27日，国务院办公厅印发《关于加快发展流通促进商业消费的意见》，明确取消石油成品油批发仓储经营资格审批，这意味着加油站开展批发业务不再受“超范围”经营的政策限制。在远离油库的地区，开展以加油站为据点的送货上门业务，或许会成为一种新趋势。

不管是批发商向下兼容零售，还是零售商向上兼容批发，竞争壁垒正在随着业务边界逐渐消失，市场观念和营销意识必须适应形势的变化而调整，或许正是批零一体化企业拆除“部门墙”的一个好机会。

5.3 连锁经营

分销渠道中每一层次使用同类型中间商数目的多少称为宽度，同一层次的中间商越多，则分销渠道越宽，反之越窄。企业根据产品的特点和所处的阶段，制定不同的营销策略，包括分销渠道的宽度策略。

处在分销渠道末端的零售商，必须尽可能给予客户购买上的最大便利，建设尽可能多的中间商分销其产品，拓宽渠道，即密集分销。对于具体的零售商，密集分销就是广设网点，越是重资产发展方式，扩张的结果越是受到限制。于是，连锁经营成为零售扩张最重要的方式，以最大范围地触及客户。

除直营连锁（RC）以外，以输出品牌、技术、标准及管理的加盟连锁（FC即特许经营）已为大家所熟悉，民营加油站抱团采购、统一品牌形象等举措，也自发性开启自愿连锁（VC）方式的探索和发展。

连锁店的数量和质量直接影响到经营结果，越是急于求成，就越可能掉入“中等收入陷阱”，一方面丢掉了小规模的灵活性，另一方面又达不到直营连锁的规范性，麦当劳和肯德基在国内的不同路径就是很好的案例。

【案例】麦当劳在全球的加盟店超过80%，美国本土更是高达85%，由于加盟店经营不善、盈利不高，热衷于跑马圈地的麦当劳甚至一度出现了亏损，有关餐厅的抱怨此起彼伏，麦当劳不得不全球关店700余家，时任全球董事长兼CEO被迫辞职，同时也导致了麦当劳进入中国市场后迟钝滞后，被“本土小弟”肯德基远远超越。

而肯德基采取“不从零开始”的特许经营模式。就是将一家成熟的肯德基餐厅整体转让给通过了资格评估的加盟申请人，同时授权其在原餐厅位置使用肯德基品牌继续经营。加盟商无须从零开始筹备建店，避免了自行选址、开店、招募及训练新员工的大量繁复工作，不是开设一家新餐厅，而是接手一家成熟的在营餐厅，从而降低加盟商风险，提高成功机会。

电影《终结者》里面仅具有真人皮肤的终结者毫无争议是“机器人”，那么，由人脑袋与机械身体所构成的组合应该如何称呼呢？估计大部分人会倾向于将其界定为“机器人”，因为其机械部分占比远远超过了人的成分。因此可以看出，界定“人”与“机器人”的标准至少包括两个方面，即思维主导器官的属性和机械构件的占比。

连锁经营不仅需要一致的外观形象、相似的行为模式，还需要高度统一的思想理念，不然，客户体验就会感觉似是而非。可以说，肯德基加盟模式成功的秘密，主要在于管理标准输出以及执行过程不走样。

品牌是企业长期努力经营的结果，能够使产品或服务溢价；商标属于法律概念，通常，使用者经过商标授权，实际占用的却很可能是整个品牌资源。特许经营如果不加区分和限制，不深度介入运营管理，则可能给企业品牌带来伤害，这是发展连锁经营需要防止的误区。

第6讲

市场细分：创意开始的地方

市场经济初期，生产能力是制约企业发展最为关键的因素，生产成本偏低的企业以及处于分销层次前端的商家能够获得更多竞争优势，他们只关心如何生产更多的产品并降低成本，至于客户喜欢什么暂时没那么重要。如果仅仅推出一种产品就能够服务整个市场，无疑是最为经济和高效的方式，既然如此，那又何必自找麻烦呢？

商品充裕、竞争激烈以后，客户开始变得挑剔，个性化、差异化的消费主张日益彰显。企业意识到仅靠一种产品或一种方式很难吸引所有的客户，必须有所取舍，在潜力市场中选择自己有能力、最擅长的领域，集中有限资源设计与客户需求相匹配的最佳方案，努力获得比较优势。

6.1 不一样的变量

市场细分是找到客户、实施精准营销活动的基础，不同的细分变量所能达成的营销效果截然不同，具体采用哪个变量，应当根据营销目的来具体确定。一个新颖而富有创意的细分方法，往往意味着新市场的发端、新产品的诞生。

饮料需要分男女吗？“他＋她－”饮品跳出传统框架，为饮品细分市场提供了一种全新思路。产品以年龄段18~35岁的年轻客户为目标，含有“男加体力”“女减体重”的暗示，在产品的包装设计上也打上了性别的鲜明印记，甫一亮相即成焦点，其他饮品纷纷效仿。

感冒药通常以成分（中药、西药）、性状（片剂、汤剂、冲剂等）、适应症状（鼻塞、头痛、发热等）或者价格（进口高档、国产中低端）来进行市场细分。“白加黑”另辟蹊径独创出以时间为变量的细分方法，把感冒药分成白片和黑片，含有镇静剂“扑尔敏”的成分放在黑片中，“白天吃白片，不瞌睡；晚上吃黑片，睡得香”，为解决感冒疾病与日常生活的矛盾提供了一个良好的方案，深受上班族和城市白领人士的青睐，并且在产品外观上与竞争对手形成差别。

如今，高级定制已不为豪门所独有，为了标榜自己的与众不同，富豪们干脆借鉴了街头流浪汉的形象。当然，裤子上的破洞和污渍不是风餐露宿的结果，而是重金换来的复杂精妙的工艺。这种让自己的衣着看起来颓废的不羁风潮刚好满足了年轻人那小小的叛逆感，破洞牛仔裤居然大行其道，成为时尚长盛不衰。

市场细分以“客户需求的差异性”为标准，成品油批发市场通常按照客户所属行业进行细分，就能很好地满足客户的需求；零售市场的复杂性在于客户不能简单地按人或者车来进行区分，同一个人驾驶不同车辆或不同的人驾驶同一辆车所产生的消费需求可能不尽相同。显然，这是一个特定的人与车的组合，而同一个人驾驶同一辆车在不同的时间、地点，需求也会发生变化。市场每个部分具体而微，微场景、微表情、微动作，需要与客户面对面交互碰撞，从而激发更多创意，挖掘更多需求，提供更加优质的产品和服务。

因此，成品油零售市场细分的主要变量虽然离不开地理细分、人口统计细分、心理细分和行为细分的大致范围，想要真正找到一个特别的变量也殊为不易，需要长时间的积淀和挖掘。

【案例】L石油公司按照客户对价格的敏感程度细分市场，并命名为“氮气加速”。

具体做法是将所属加油站划分为几个梯队。竞争对抗中根据营销目的分批投入，往往打对手一个措手不及。简单粗暴而又直接高效，能够快速应对市场变化，发挥竞争的突击作用。

“氮气加速”NOS系统的工作原理，是把N_2O经高压形成的液体装入钢瓶中，在发动机内与空气一道充当助燃剂，并相应增加喷油量与之配合，用于瞬间提高发动机功率。由于长时间使用NOS会导致燃烧室压力过大，温度急剧升高，严重时导致引擎因过载而受损，通常在“冲刺阶段”或是“重要关头”才会使用。

细分变量建立在“真正理解客户需求”基础之上，直达痛点，引起客户共鸣，由于每个客户关注的重点都可能不同，营销的任务就是要把它找出来。

城区汽油客户更在乎便捷性和服务质量，因此，部分城区加油站放弃价格敏感的细分市场，而专注于改善环境、提升服务水平；高速公路服务区加油站开通鲜活农产品专用通道，开展专属营销，深耕营运车细分市场。不同营销目的对应不同的细分变量，并没有完全统一的概念。一般来说，越是通用的变量越粗放，越是定制的标准越精准，越能体现营销的灵活创新，但是目标受众也随之缩小。某些国道省道加油站按车流动向细分市场，而在工农业产区有加油站擅打感情牌，专攻单一车籍来源的细分市场，也能网罗一大帮固定客户。

有时候人们会混淆市场分类和市场细分，除非搞理论研究，否则无关紧要。仅需要说明一点，分类应当遵循“相互独立，完全穷尽”的原则，而细分允许重叠或遗漏。

6.2 从小众到大众

确切说来，市场细分是卖方丧失市场主导权之后不得已为之的违心之举。一方面，传统理念习惯于抓重点、造热门、捧贵宾，关注顶端的20%而对非主流不屑一顾；另一方面，卖家骨子里仍然残留着发明一种“万能产品”的冲动，企图一股脑儿满足市场全部需求。于是，融合不同细分市场的尝试正在一次又一次悄悄地进行。

融合商务功能的手机，满足随时随地处理公务的需要。这个创意看起来很完美，据不完全统计，多个手机品牌曾投入巨资参与其中，诺基亚、索爱……甚至有的品牌还专门配置了滑动式隐藏键盘。可是，用起来还是不方便。

白酒市场之中，浓香型常年占据市场一半以上的份额，酱香型份额不大但平均售价抢眼，在中高端市场表现强劲。厂家自然乐意兼收并蓄，“兼香型”即两种香型兼而有之的意思，距离做大尚任重道远；有的厂商想兼顾低度酒和高度酒的消费群体，于是诞生了一款名叫“恩度”的新奇白酒，“恩度”即N° 的谐音，客户可以根据自身喜好自行调制随意度数的白酒，可惜市场反馈平平。

据报道，国外某些加油机采用了一枪双罐三油品，加油站只需要两个汽油罐分别存放低标号和高标号汽油，加油机上共用一条加油枪就可以满足顾客任意选择三个品号的汽油，其中，中间品号的汽油是由低标号和高标号汽油在管线中混合而成。这种方法简化操作程序，既能提高库存周转率，又能有效防止品号出错，国内没有引进并非技术手段存在障碍，主要还是在法律制度方面有所限制。不过，加油站应用全品号加油机越来越多，非油业态越来越广，市场需求全覆盖的意图已经非常明显。

然而，商品愈是丰裕、可选择性愈强，需求愈加多元化和个性化，异质性、分散性逐渐取代主流消费，短头越来越短而长尾越来越长。过去零售业选址主要参考流量口岸，而现在社区店悄然兴起，仅仅针对一个小区甚至一个单元的子市场进行垂直化深耕，有人美其名曰“睡衣经济”，意即目标客户群体是可以穿着拖鞋和睡衣完成购买的近邻。毫无疑问，像沃尔玛和家乐福这类的大型商超和卖场为之头痛不已，一出老鼠打败大象的好戏正在上演，“大而全”被“小而美”逼到了墙角边缘。

【案例】分众传媒创始于2003年，旗下拥有商业楼宇视频媒体、卖场终端视频媒体、公寓电梯平面媒体、户外大型LED彩屏媒体、手机无线广告媒体、分众直销商务DM媒体及数据库营销渠道。成立不到两年便实现在美国纳斯达克上市，五年后实现年营业额接近60亿元，成为中国最大的户外视频广告运营商，也是仅次于央视的中国第二大传媒集团。

“分众”的意思就是区分受众，即在某一时段内，由于有共同属性而需要相似信息的这一部分受众群体被称为分众。分众传媒的成功，既归功于商业模式创新，也是实施细分市场找到差异化营销策略、开辟蓝海市场的典型案例。

市场由粗分到细分是一个必然过程。按照管理层级的职责分工，市场细分程度在各层面也不尽相同，一般呈现上面粗、下面细的特点，自上而下的精细化程度越来越高。例如，在大型石油公司的省市公司层面，掌握对企业影响最大的20%客户已经足够，其他客户则需要市、县公司直至片区、站点发挥功能。

细分后的目标市场必须具有充分性，否则便失去了细分价值。如果细分到极致，把每一个客户单独作为一个子市场，就是市场完全细分，这种方法适用于批发大客户“一户一策”的营销策略；对于零售市场则没有必要，庞大的客户数量使完全细分过于烦琐而根本做不到，即便勉强做到也无法制定相应的营销策略。

由于受众不足，小众市场（商品）容易被忽略，反而成为少有竞争的安全港湾。自第一个推出图形界面系统Windows，微软公司便牢牢掌控了电脑操作系统市场；Linux另辟蹊径通过网络服务器操作系统发动侧翼战，也拿下了超过20%的市场份额，加上苹果专用的Mac OS操作系统，这才有今天电脑操作系统三足鼎立的局面。有意思的是，2017年全球爆发电脑勒索病毒，150

多个国家数万台电脑被感染，而病毒攻击主要针对Windows操作系统，Linux和Mac OS系统因为小众而相对安全。

越精准分类，越关注整体。相较于“无差异营销”和“集中营销”的广泛撒网，“差异化营销”遵循兵力优势原则，由最初针对的细分“小众”市场突入竞争核心，逐步向周边扩散。iPhone原本只针对高收入群体，“老干妈”最早选择的是嗜辣的西南地区，“强生”号称自己为婴幼儿护理专家，由于专注于某个细分市场而获得某种特质，因而被越来越多的人接受，细分市场涌入更多受众，细分边界不断扩张，小众市场就成长为新兴的主流市场。

第7讲 目标市场容量测算

市场细分之后，子市场的理论容量即为企业可实现销售的规模极限，只有销量规模超过企业盈亏平衡点，进入目标市场才具有经济意义。

成品油消费量与社会经济发展状况具有较强关联，零售子市场相对稳定，具有明显的季节性；批发子市场需求弹性较大，具有较强的投机性，仍然具有可循规律。这些特点为准确评估及科学决策奠定了基础，便于成品油的生产和调度，为是否进入目标市场提供数据支撑。

7.1 弹性系数法

从用途进行区分，柴油主要用于货运物流、客运交通、工矿机具、农机以及用作生产性燃料，属于生产资料范畴，经济景气状况对柴油需求有较大影响；汽油主要用于小型汽车，属于生活消费品，汽车保有量及增速直接影响汽油需求。

因此，柴油需求可以参考发达国家工业化进程中各阶段的能耗系数，借鉴其预测方法。如发达国家的矿产资源消费规律是在前工业化阶段增长缓慢，在工业化阶段快速增长，增幅超过GDP增速，即消费弹性系数大于1。工业化完成后，矿产资源消费趋于平稳，能源消费呈稳定增长态势；汽油需求则主要参考小型乘用车保有量及增速。

宏观层面的预测，通常采用成品油消费与GDP总量的关联度或GDP增速与成品油消费的弹性系数来进行。

例：某省成品油消费量与GDP总量的关联系数约为3.81%，弹性系数约为0.7并呈下降趋势。该省2017年经济总量3.6万亿元，增速8.1%。该省成品油需求预测据模型为：

上年GDP总量 × 关联系数 ×（1+GDP增速 × 弹性系数）；或：上年成品油表观消费量 ×（1+GDP增速 × 弹性系数）。

2017年消费总量：$3.6\times10^4\times3.81\%=1372$万吨

2018年需求预测：$1372\times(1+8.1\%\times0.7)=1450$万吨

如果已知各地区历史GDP总量、增幅及成品油表观消费量，倒推成品油关联度及弹性系数并以此预测未来需求，则更加符合当地实际情况。关联度和弹性系数是一个动态数据，近年来经济结构发生变化，统计数据失真会造成需求预测数值出现较大偏差，由于数据容易取得、测算方法简单、具有操作性等特点，该方法仍被普遍采用。

这种方法主要用于宏观层面对市场需求总量的估算，用于决策参考，如进入新市场或者油库建设等重大投资之前。

7.2　产业能耗法

按照不同产业结构的能耗比值进行测算，可以部分弥补上述方法的缺陷。第一产业中，农林牧渔业对成品油需求较少，第二产业中工矿、建筑房产业对成品油需求度较高，第三产业中交通运输业对成品油需求的占比较大。各地区不同的产业结构对成品油消费需求影响巨大，应充分考虑。

以某市为例，该市2017年经济总量1407亿元，增幅8.2%，成品油关联度3.82%。已知三次产业结构为GDP 的贡献比率为10.9：57.5：31.6，即第一、

二、三产业的GDP贡献量分别为153.32亿元、807.78亿元、444.48亿元。第一、二、三产业GDP能源消耗比例分别为1∶83∶16，设能源单耗为x，则：

成品油需求总量=1407×3.82%=53.74万吨

$=153.32x+807.78\times 83x+444.48\times 16x$

解得：能源单耗x=0.72‰

第一产业能耗量=153.3×1×0.72‰=0.11万吨

第二产业能耗量=807.78×83×0.72‰=48.73万吨

第三产业能耗量=444.48×16×0.72‰=5.12万吨

工业化程度越高的地区，对能源（成品油）的需求越多，受经济波动的影响也更明显，单一产业结构的区域受经济变化的影响极其巨大。企业的经营策划和安排，必须符合基本面的变化趋势，做到有的放矢。

这种方法能够粗略分清成品油流向，为确定营销主攻方向具有一定帮助，但估算精度仍然较差，可以作为第一种方法的补充。

7.3 汽车保有量测定法

这种方法基于零售市场的主要客户是各型车辆，主要适用于零售量测算。

如某市机动车保有量57.2万辆，其中轿车33.3万辆、摩托车19.4万辆、卡车4.6万辆，三种车型单车年均油耗分别为0.7吨、0.08吨、6.5吨，则：

轿车用油量=33.3×0.7=23.31万吨

摩托车用油量=19.4×0.08=1.55万吨

卡车用油量=4.6×6.5=29.9万吨

用油总量=23.31+1.55+29.9=54.76万吨，其中：汽油约为24.86万吨、柴油约为29.9万吨，汽柴比为0.83∶1。实际测算过程中，尚需考虑汽车增速（新增上牌数）以及外地车进入等因素影响。

7.4 权重法

实际工作中，经常会进行销量预测或者任务分解。一旦出现较大偏差，就会影响考核的公平、公正性，进而损失考核单元及员工的积极性。在没有或不考虑网点数量变化的情况下，可按照分月、分品种品号、分站统计近几年实际销量，数据能够收集的时间越长越好。

考虑道路变化及市场需求变化的实际情况，可以增加权重指标，距离测定时间段越近的年度权重越高。如近三年的数据权重可以由远及近分别设置为20%、30%、50%。

根据市场的相似程度，还可以按照高速公路、国省道、城区、农村网点等子市场进行分组测算，得到的数据将更具可参考性。

经过上述加工，便获得一组新的数据，是进行后续工作的基础数据。

（1）销售贡献率：即经营单元占销售总量的比重。在总量目标已经确定的情况下，按贡献率分解可以确保销量目标任务相对公平公正；在总量目标尚未确定时，可以根据当地需求总量及市场份额进行确定，分解形成各经营单元的任务目标。

（2）序月占比：即逐月测定当月销量占全年的比重。成品油零售具有较强的季节性，用3~5年的历史数据测定该地区零售的序月占比，基本就能准确锁定各月销量的权重，搜集的基础数据时间段越长，准确率越高。这种方法可以利用当前已经获知的数据（如1月）比较准确地测算以后各月的情况。

在划分年度时，可以将上一年度（如10~12月）与次年（如1~9月）的数据拆分重组，人为设定一个新的测算年度，并使用已知数据（上年度10~12月）测算次年数据（1~9月），之后进行数据二次平移，测算剩余月份的销量，合并为自然年度的预测量。这样处理，能够解决实际工作中的及时性问题。

三农生产用油及果蔬、鲜活农产品运输高峰跟农历节气直接相关，春节的早晚意味着季节的提前或延迟，特别是农历闰月的影响更大，季节将整体延后。农历闰月以19年为周期，3年一闰，5年两闰，19年七闰。季节性因素主要对高速、国省干道柴油销量影响较大，花期推迟对旅游景区及干道站点旅游车辆汽油需求也有一定影响。

柴油旺季主要是果蔬等农产品集中上市，运输量骤增。企业一般情况下于两节期间生产经营安排的进度会略低，而3月份是一季度季末月，关系着全年的“开门红”，也有集中赶工的因素；传统雨季会影响矿山开工、工程施工，与工矿产品和建材运输相关的油品需求也因此减少；传统报表一般按照自然月份统计，公历节假日对同比分析和销量预测没有影响，但农历节日跨月时对单月影响不可忽视，尤其是春节大假对所属月份影响较大。

汽油主要作为生活性消费品，节假日的影响非常明显，如春节返乡、暑期出行、国庆旅游等。大假出行是一种从众型消费，个体很难不受集体情绪的渲染，但连年高速拥堵、景区人满为患，旅游的方式已经逐渐向分散化、个性化、休闲化转换，出行目的地及往返的高峰时间也发生了明显变化，需要继续关注并研究这些新的特点。汽油消费淡季与消费者出行前准备、出行后休整行为相关，是具体消费行为的延伸。

测算成品油消费需求的目的，不仅仅是要这个结果，更重要的是利用并干预这个结果，使实际好于预期。

【案例】纽约的计程车司机们每天预先设定了目标收入，只要当天达到目标就立刻收工。每到下雨的日子，人们通常比晴天更急需计程车，所以司机可在短时间内达成目标，比平时更早地收工回家。于是这就造成了雨天的纽约总是出现“打车难”的情况。为什么司机们宁愿在不好赚钱的时候长时间工作，而在容易赚钱的雨天却早早回家休息呢？这是规避损失的心理在发挥作用，当目标没有完成时就加倍努力，而提前达到目标时就松懈下来。

由于目标确定不恰当，当执行者明知付出十分努力也不可能完成任务，就会放弃努力；当执行者完成任务过于轻松时，也会有所保留，担心“鞭打快牛”而故意控制进度，白白地浪费市场机会。成品油市场具有明显的季节性，易受市场波动的影响，以丰补歉显得非常重要。逆势而为诚然可贵，抓“雨天赚钱”的因时就势更是营销本分。

第8讲

子市场特征分析及应对策略

客户需要什么产品？具有什么样的偏好？投其所好是制定营销策略必须遵循的原则之一。为了更好地服务客户、占领每个子市场，需要深挖其个性特征，充分了解市场竞争环境，客观评估企业自身具有的优势和短板，科学调配营销资源。

进入新兴市场之前需要研究市场，维系存量市场则需要不断重复进行数据分析、复盘反馈，了解市场特点、掌握客户偏好，调整细分市场的变量标准，提高营销的精准程度，以适应需求升级和竞争变化。

此处主要以高速和城区两个特殊市场作为样本，进行简要分析以作参考。

8.1 高速公路板块

高速公路具有单向性、不可逆的特点，车辆驶入高速公路之后，只能选择向前。行业规划对高速公路加油站设置的基本标准为“原则上每百公里不超过

2对”，客户消费可选择的自主性不强，需求具有刚性。有些省际运输车辆常常配备双油箱，行驶轨迹类似于活塞式线型往复运动，长期往返于高速公路，对沿途商品和供应情况比较熟悉。因此，高速公路服务区加油站属于“条线型封闭市场”，以路过型客户为消费主流，客户构成变化较大，却并不缺乏忠诚客户。

上述市场特点浮于表面显而易见，并不具备指导经营的实际意义，只有基于定性与定量相结合的综合分析，才能找准子市场的独特个性和规律，据此开展精准营销。

高速公路出行和回程两个方向各加油站销量之和基本相等。高速服务区经常成对出现，在地图上几乎就是一个点，然而就单个加油站而言，道路两侧销量却差异较大。不过，就高速全线而言则无优劣之分。以某高速某时段销量为例，出行方向成品油销量2.78万吨，回程方向2.8万吨，差异极小。其中，汽油销量分别为1.08万吨、1.05万吨，柴油销量分别为1.7万吨、1.75万吨。通过数据分析，将惊讶地得出这个结论：高速公路两侧市场容量基本一致，品种结构也基本一致。说明长线高速车流单程车辆较少，以往返为主。倘若客户第一次消费体验不好，则可能丧失第二次销售机会；如第一次机会没有抓住，则应抓好第二次机会。

现实生活中但凡需要排队，人们会自动选择最短的队列，从而使各队列人数基本相同，这种机制可以称之为“排队自优化”。如果在队列之间增加一堵不透明的隔墙，由于不可见（信息不对称），就会造成自优化过程失灵。众所周知，高速“入口”与“出口”加油站销售量反差特别明显，由于客户对后续服务区加油站的情况不了解，对资源保障、设备状态以及拥堵状况等事项存在担忧，因此不会轻易舍近求远，将希望寄托在遥远的不确定上，从而养成汽油车加满油再上路的习惯，信息不对称造成“排队自优化机制”失灵，是各服务区销量分布欠均衡的主因。

因此，抓入口站销量至关重要，对于未占据入口位置的，则需要利用各种渠道将相关信息提前送达客户，引导消费。

特殊地理位置形成高速公路的“节点”。这个特点主要由人的生理特性所决定，如疲惫、饥饿、如厕等。以高速公路沿线主要入口划定半径，2~3小时车程一般会形成用餐、休息等集中区。节点加油站的销量通常优于非入口站，是企业应当优选或重点打造的商业口岸，应当倾注更多的关注、投入更多的资源挖掘节点的潜在价值。

高速公路加油站销量中，通常柴油占比更大。上述高速公路加油站案例中，柴油车夜间消费占比18.25%，为白天时段的62.6%。由于货物装卸、路况、车况等因素，柴油车出行较为均衡、部分货运车辆具有主动错峰出行意识。据调研，柴油车消费动机更为复杂，往往会考虑路况、载重、价格等多重因素，如通过检查站以后再加油、加水，个别站点因此占据明显优势。

汽油车辆在高速公路加油站消费的峰谷特点明显，具有相对固定的时段。人们习惯于饭后再进行长途出行，因此上午8：00~10：00以及中午14：00以后属于出行高峰，在这个时间段内自高速公路沿线中心城市、重点城市出发，行驶到各服务区所需花费的时间基本固定，形成了各服务区每日的销售高峰时段差异。

汽油车辆消费非油商品能力明显更强。汽油车（轿车）本身就是高档消费品，司乘人员消费能力较高，加之出行目的也是消费，花钱的意愿更强；货运车辆主要是生产工具，驾驶员普遍具有节约意识，更为依赖高速服务区的基础功能，服务需求更为多样化，包括餐饮、购物、休息、洗浴等各个方面，对柴油车需求的充分挖掘可以较好地增强客户黏度。造成汽柴油消费能力差异的原因还有单次加油量不同，即：吨油消费对应的车次不同，汽油平均约为36辆，柴油仅约为9辆。同时，汽柴油车辆司乘人数也不同，货车一般少于3人，而轿车司乘人员最多为5人，即消费非油商品的主要对象是人而不是车辆。

国道省道加油站表面上具有条线型市场的特点，客户的来源和去向都比高速公路灵活、复杂，城市连接线或里程较短的城际高速以短途车辆为主，达不到刚性需求范围，兼具条线型和区块型市场特点。

由于各站所处的具体位置各有差异，比如临场镇的站点可能区块型市场特点更加明显，由于客户消费档次相对偏低，对价格的敏感性更高。城区内通常不采纳的汽油降价促销，对摩托车、三轮车等小微用户却具有较强的吸引力，促销品则更加青睐粮油及生活日用品，注重实用性。

8.2 城区板块

城区市场容量总体稳定，客户重复消费率极高，受外部影响较小，根据这个特点可将其定义为区块型市场。行业规划要求城区加油站服务半径不低于0.9公里，即站与站间距不少于1.8公里，其分布密度远远高于高速公路、国省道市场。区域内网点覆盖交叉重叠，客户出行可自主调整路线变换轨迹，选择空间充裕，消费随意性较强，无明显规律，同一目标客户加油具有多个备选项，市场处于完全竞争状态，属于开放型市场。

城区客户主要消费汽油，由于经济实力较好、单次加油量少等多种因素，城区板块汽油小幅度优惠缺乏足够吸引力，价格敏感度远较其他板块更低。商品高度同质化使竞争焦点更加集中于服务的多样化和增值度。据调查，客户满意度排序依次为：交通的便利性、服务态度和油品质量，此三者是影响客户选择加油站的主要原因。

除加油以外，汽油车辆日常服务需求较多的事项依次为车辆清洗、维修保养、审验年检以及办理保险缴费、索赔等事项。其中，车辆清洗最为频繁，通常为每周一次到每月一次。传统社区店洗车模式收费较高，通常为30~50元，存在等待时间长等弊病。

加油与洗车频次的基本一致性，使加油、洗车二合一模式成为可能。以加油每满200元送一次免费洗车计算，优惠幅度相当于超过10%，放大后的营销效果和无停留的消费体验产生出一种组合优势，带来更好的便利性，从而引导客户培养新的消费习惯。

城区加油站的商业机会远远大于其他区域，“加油站”经营局限于油品本身，经营“加油站”则定位于打造商业生态圈，属于典型的双边平台互相引流模式，据某全国连锁经营的石油公司统计，已经实施新模式的站点汽油销量平均增幅高约4个百分点。这个数据仅仅是个好的开端，快速洗车已逐渐成为城区加油站标准配置，未来尚有更大的发力空间，传统洗车行业正在面对前所未有的变革和考验。

城区加油站配套服务的选择，可以是隶属于油品基础业务所属的产业链条，或者由某个环节所衍生出来的新业务，具有相关性，如汽车后市场。除此之外，还要契合基础业务开展的场景和氛围，越是繁忙的站点，客户驻足的时间越短越好。城市土地寸土寸金，加油站本身具有快速通过的运营要求，如果配套服务过多占用场地和时间，难免喧宾夺主成为基础业务的拖累。

客户为什么选择？

如果影响客户选择的因素仅仅是产品、价格和服务，营销就会简单很多。然而，实际情况并非如此，好产品未必畅销，畅销的也不一定是好产品。到底是哪里出了问题？

区隔是差异化细分市场的延续，而独特销售主张和定位是同一事物的两个面，前者从产品、企业出发，后者从客户的角度考虑。

“好不好”企业不说不行，自己和产品有何独特之处，能够给客户带来什么好处，必须站出来主张，说服客户。

“好不好”仅由企业自己说也不行，还需要得到客户认同，在客户心目中占有一席之地。这些事情客户本身没有义务也没有责任去做，必须由企业站在客户的角度去完成。

在合适的时候碰不到合适的人、在不合适的时候碰到合适的人，那都是没有缘分、很无奈的事情。营销不能留下这种遗憾。

第9讲

区隔：由卖点到主张

企业进行市场细分的所有努力，都在试图通过差异化突出产品的卖点。然而，卖点是一种客观存在，并且很多卖点为同类产品所共有，并不能为企业带来特别优势，除非将卖点进一步提炼升级，进行有效区隔而成为独特存在。

区隔并不难做到，高速公路入口站销量高于其他站点，这是由于“排队自优化”机制失灵造成的不均衡。换句话说，高速入口站的天然优势来源于信息不对称所形成的自然“区隔”，营销无非是有意为之。

9.1 不仅仅是卖点

迈克尔·波特观察到，企业在相互角逐的同时，彼此之间更相似了。竞争的过程离不开借鉴和模仿，直接抄袭的也不在少数，这意味着普通的卖点不一定能够有效转化为被消费者所认同的买点，而独特卖点经市场检验有效之后很快成为众相模仿的参照标准，很难保持独特性和长效性。

土特农产讲究产地，“橘生淮南则为橘，生于淮北则为枳”，因为土壤、气候大相径庭，即便是同一物种也会产出不一样的果实。民间有个说法，“云南的烟，四川的酒”，主要是原材料的影响，得天独厚的条件加上多年的工艺传承和改良。“原产地”这类因地理位置上获得的先天优势，通常能作为有效的区隔点，具有“物理”区隔的共同特征，只是应用范围相对有限。在某些特殊时候，石油公司会做出一些非“经济理性”的决策，例如，买下一座油库任其闲置，花高价拍下一个市场重叠的加油站，其目的就是采用物理屏蔽的方式阻止对手进入本企业优势区域，预支较低的代价来弱化将来可能出现的恶性竞争。

差异化卖点必须具有独特性，为客户所看重。一个产品可能具有一个或多个卖点，最重要那个是什么？是否属于客户未满足的需求空白点，或者是一直未解决的需求痛点？如果不是，则属于普通卖点，企业再怎么看重也无须过多强调。大家知道，日韩品牌的家电在世界范围享有很高的美誉度，但在中国VCD市场却从未占据过主导地位。很多人应该还记得影视巨星成龙竖起大拇指说“爱多VCD，好功夫！”的广告词，什么功夫？其实有些尴尬，是超强纠错的“功夫”。当时国内引进大片有限，盗版音像泛滥且大多粗制滥造，具有超强纠错功能的VCD机最适合当时的国情，虽然损失了图像细节，却迎合了当时的市场需求，这是进口产品所不具备的。

差异化卖点必须优于竞品，否则不成其为卖点。缺乏销售主张的情况，在成品油业内普遍存在。成品油同质性强早已成为市场共识，在外观形态上很难被区分，使用过程中也几乎不会感知到不同产品在性能上存在明显差异。尽管成品油同质性强，原油、工艺的差异以及不同批次的油品仍然具有差别，一般来讲，合理范围内的大密度油品相对更经烧、耐用，这对以体积购买的终端消费者更为有利，营销却经常忽略了这一点，既没有将其作为卖点，更没有上升为独特销售主张。

成品油业界普遍欠缺产品差异化意识，除了壳牌。壳牌并不认同成品油高度同质化的主流观点，通过应用其与法拉利在F1赛道上的技术成果，进一步细分高端市场推出V-Power，为高度同质化的散装汽油开启品牌竞争。这种体现“燃油是有差异性的”理念，满足了消费者日益增长的对高端燃油的需求，获得市场高度认同；柴油方面，壳牌自称一直致力于改善燃油经济性，让驾驶者“行更多里程”。2012年在陕西地区尝试推出“全新经济性柴油”、2019年推出ACT配方柴油，举办“助力重型卡车一路畅行”活动，这些举措确实迎来了越来越多的客户选择并且喜欢壳牌燃油带来的消费体验，壳牌因此主张自己为“差异化燃料领域的领导者”。

差异化卖点必须具有支撑、令人信服。为了让宣传更具权威性、说服力，企业青睐于请专家现身说法、做试验证明等方法，如海尔在全国范围开展在运转的洗衣机上竖硬币的活动，验证“安静到家”的卖点；农夫山泉养水仙花，验证“天然水才是真正的健康水”的卖点。互联网上经常能看到一个提问，几大石油公司到底哪家的油品更耐烧？大概是内容过于敏感，试验仅仅在民间自发组织过数次，权威性有待考证。虽然没有油品耐用的官方试验，却有一个燃油清净剂功效的行车试验。

【案例】2014年10月13日，中国石化海龙燃油宝行车试验结果媒体沟通会在总部召开，中国环境科学研究院、中国汽车技术研究中心、中国机动车污染防治委员会等专业机构的专家现场回答了记者提问。央视、新华网、人民网、中新网、新浪网等13家媒体记者参加。

为验证燃油宝的实际功效，2014年8月10日~9月5日，中国环境科学研究院和中国汽车技术研究中心，在天津和杭州两地分别开展了燃油清净剂行车试验，累计行驶约3000公里，使用中国石化海龙燃油宝试验车的驾驶员表示：发动机抖动减少，运行变平滑。

9月1日~20日，中国环境科学研究院的发动机台架报告表明：依据国家标准GB/T 19230的试验方法，在奔驰M111发动机上进行标准台架试验，使用燃油宝后，汽车发动机进气阀门表面的积炭减少率达98%。

中国汽车技术研究中心的发动机台架报告表明：依据国家标准GB 18285的试验方法，使用燃油宝后，汽车发动机的最大净功率和最大净扭矩均增加2%，汽车有害物排放中一氧化碳减少40%，碳氢减少30%，节油率2%。

这些数据表明燃油宝可以大幅减少发动机内部的积炭，提升汽车动力，减少汽车尾气有害物的排放量，改善汽车发动机燃油经济性。

营销大师科特勒说：“营销的艺术大致上也就是建立品牌的艺术”，品牌使之同竞争对手的产品和服务区隔开来，消费者形成鲜明的品牌概念之后，价格差异就显得次要，不同品牌被赋予特殊个性时，溢价情况更为明显。这种优势来自客户对品牌价值的认同，使企业享有额外的利润空间。

在市场极度竞争的今天，质量和服务这样的常规竞争能发挥的作用已经被压制到最低程度。对此，杰克·特劳特评价：“合理的质量和服务是意料之中的，而不是破坏关系的因素。换句话说，质量在今天是习惯，而不是区隔；了解和爱惜你的顾客是习惯，不是区隔。”销售主张必须始于卖点而高于卖点才能竖起竞争壁垒，进行有效区隔。卖点必须实实在在，而主张可以虚构，凭借营销人的想象和创造“无中生有”，它可以跟产品的功用特点相关，也可以是从不同角度编造的说辞。

（1）从外观、包装上制造差异，形成品牌个性。表面上看，产品的外观和包装对产品没有实质意义，现实的情况是产品的外观和包装能够给竞争者建立有形的壁垒，使外观和包装与产品产生关联形成鲜明的品牌个性。例如，三精制药放弃了其他厂家惯用的白瓶，采用了独创的蓝瓶，并反复传播广告词“三精的，蓝瓶的”；王老吉与加多宝“红罐之争”的官司一打数年，其中很重要的原因是产品与包装已经产生了一个共同的识别作用，如果剥离红罐，会给消费者带来识别的混淆与困扰。而成品油行业内，壳牌推出的品牌汽油“V-Power”是淡蓝色，中国石化生产的品牌汽油“爱跑”是淡绿色，与普通产品区别开来，极具辨识性。

（2）好的名字能让消费者产生代入感，融入企业营造的具体场景之中。壳牌的品牌汽油“V-Power”中文名威澎，象征着胜利的力量，代表冠军品质，而中国石化品牌汽油“爱跑”（英文名X Power）意思是“超强动力”；“南极人”“北极绒”一听就特别适合做保暖内衣的品牌名称；“第五季”让人一下子联想到空调，可惜错用为水饮品牌；“小二郎”更适合做郎酒旗下小包装品牌的名称，因为产地位于赤水河畔二郎镇，只做二两（100毫升）小包装，拿起一瓶“小二郎”，脑海中就回响起“小呀嘛小二郎，背着书包上学堂”的旋律来，勾起童年的回忆。

9.2 重建独特销售主张

与“损有余而补不足”的平衡之道不同，“人之道则不然，损不足以奉有余。”竞争优势方区隔出一块天然屏障，形成“强者恒强，弱者恒弱”的马太效应，使竞争弱势方面临的局面越来越艰难。

以原创概念所建立的区隔，其力量已经强大到了成为品类代名词的程度，但凡说到“502”，所有人都知道是胶水，提起“邦迪”一定是指创可贴。与模仿者相比较，原创不仅仅知道成功的路，还了解其他路为什么走不通，由于所需要承担的风险没有可参考性，只有加倍去了解和分析，其认知程度自然超过第二个、第三个以及其他后来者。原创值得尊重，往往能够成为独特卖点，轻易地将其他商品区隔开来。中国古代神话中神农氏遍尝百草，体察药性，并用文字记录下来用于治病。传说神农氏曾经一天遇到七十种剧毒，如果没有足够的能力去化解，恐怕早就被毒死了，中医也会推迟很多年才会诞生。

重建独特销售主张的过程，就是市场追随者、新进者找到领导品牌强势中的弱点，继而向领导品牌发起挑战的过程，主要包括正面进攻、侧翼迂回和游击袭扰三种方式。

正面质疑并推翻原主张的合理性，是重新建立独特销售主张快捷有效的方式。以水饮市场为例，1999年以前，纯净水盛行并占据了绝大部分市场份额。所有的水都说自己最纯净，其中乐百氏以“27层净化”为其纯净从数据上提供支撑，很快家喻户晓。“27层净化”是其他厂家所难以企及的高科技吗？显然不是。客户对需要多少层才能实现真正净化并没有概念，这只是营销传播的独特销售主张，借此在客户心智中建立起“真纯净”的品牌形象，与其他品牌进行有效区隔。

“真纯净”意味着不含任何“杂质”，强势中的弱点被对手掌握，某一天，“农夫山泉”突然在央视播出广告：“受过污染的水，虽然可以提纯净化，但水质已发生根本变化，就如白衬衣弄脏后，再怎么洗也难恢复原状。”该质疑立即挑起纯净水与天然水之争，成功吸引了唯恐事情闹不大的媒体和公众的关注。紧接着，“农夫山泉”请美国及瑞士的著名专家、学者进行水仙花栽培对比性测试，策划推出“长期饮用纯净水有害健康”的实验报告，证明矿泉元素对生物细胞有益。此举让消费者深信不疑、纯净水业反击无力，市场很快被天然水取代。

从此，“农夫山泉”不仅放弃纯净水生产，而且声称“不生产水，只做大自然的搬运工”，主张天然水才是真正“健康水”的正面进攻大获全胜。

利用产品中的创新或优势部分，带动消费升级或让顾客把产品归为新品类，从而与对手拉开距离，避免正面竞争。面对“邦迪”的强势市场地位，“云南白药”将诉求重点转移到是否“有药”上。“云南白药”属于具有官方认证的国家级保密配方，止血、消炎功能早已为国内消费者所熟悉，“有药好得更快些”的独特卖点一经提出，就天然具有巨大的说服力。“有药”区别于市场已有的全部品牌，开创了一个独特的新品类，既避免了与原创进行正面的品牌之争，又将竞争焦点转移到“有药”与“无药”之上。

“云南白药”牙膏的策略如出一辙，以抑制牙龈出血、修复口腔溃疡为卖点，强势主张“牙龈出血就用云南白药”，延伸“止血圣药”的核心优势，顺利实现品类跨界。

找准一个细分市场并牢牢占据，以此为据点逐渐侵袭主流市场，拓展细分市场空间。天然水成为市场主流以后，“农夫山泉”连续多年稳居市场份额第一，“百岁山”一句“水中贵族”将包装水一下子划分为“贵族”与“平民”两大种类，其宣传广告永远散发着贵族气质，演绎着浪漫故事，广告画面唯美、格调雅致。“百岁山”自知水源不是优势，即便强调水源也只能沦为市场众多同质化商品中的一员，因而绕开“水源”发扬“贵族精神”，借此实现区隔，锁定中高端水的细分市场，坐上了国产瓶装水No.3的位置。

还有一个问题，那些过气的产品后来怎样了呢？

黑胶留声机这类古董早该退出生活，实际上现在市面上销售的这类商品都是高档货；据说手机的照相功能已经达到单反的效果，相机是否早就被淘汰掉呢？恰恰相反，近几年单反相机销售呈爆发式增长，原因很简单，单反操作的复杂性需要一定的专业培训，说明使用者的专业性。物质生活水平提高以后，客户对精神层次的追求加速发展，带动了单反相机的销售。甚至于在数码技术已经非常成熟的今天，大块头的胶片相机仍有偏好者，而且是骨灰级发烧友才使用。出门旅游看到带这种行头的，都被认定是行家倍受尊敬。

这类案例不胜枚举，从商品本身角度看，要么开启新的功能模块，要么被赋予新的主张，这些方法如同给商品注入新的生命力，重新获得市场认同焕发青春。

9.3 背后的故事

伟大的品牌都会讲故事。

能够把产品做到凭身份证购买还限购的，除了茅台大概再无第二家。茅台"喝出健康来"的主张在高端白酒纯粮酿造的背景下并不见得特别出彩，能够高调自封"国酒"还是因为故事讲得好。据说茅台代表北洋政府参加巴拿马万国博览会的时候，身着长袍、梳着长辫子的中国人和土瓦罐包装的白酒很让外国人瞧不上。一位中国代表情急之中佯装失手摔坏了一瓶茅台酒，顿时酒香四溢扩散至整个会场，评委们一下子被吸引住了，经反复品尝后一致认定"茅台酒"是世界最好的白酒，于是向茅台酒补发了金奖。在国运不济、饱受欺凌的旧中国，这确实是一件扬眉吐气的事情。

故事大师安妮特·西蒙斯说"故事比事实更真实"，故事所具有的时间、地点、人物和具体情节让生硬的道理变得生动，枯燥的数据变得立体，不仅让受众易于接受，还便于口口传播。

人们总坚持理性，却喜欢用感性做决定。论道理、摆数据固然具有说服力，讲故事却可以避免刨根问底所带来的尴尬。事实上，不论是茅台的"怒掷酒瓶振国威"，还是百岁山的"笛卡尔和克里斯汀的爱心函数"，或者是邦迪的"一美元上帝"，这些故事的真实性不断被质疑。用杰克·特劳特的话解释："不是所有的区隔生来就是平等的"，对于品牌故事来说：观众可以揭秘魔术背后的技巧，但也将因此失去本该得到的惊喜。

玫瑰被赋予爱情的特殊意义之后，便身价倍增。据说"蓝色妖姬"是玫瑰中的珍品，有一个来自玫瑰庄园主女儿和花匠儿子的凄美爱情故事，代表清纯的爱和敦厚善良。当然，故事背后是昂贵的价格，但人们依然趋之若鹜。后来发现，“蓝色妖姬”只不过是染色玫瑰，故事也只是商贩们为了牟取暴利而编造出来的。谎言被戳破，鲜花依然备受追捧，其原因在于这种染色玫瑰已经被重新赋予了特定的含义，具有了不同的意义。人们买花送花，需要的是借助一个载体，用以传递一种信息、表达一种心情。

质量不等于销量。人们往往只看到成功的表面，却看不到背后的故事，因此充满神秘感或让人向往。“褚橙”的名字其实来源于民间，因为橙子甜中微微泛酸，像极了人生的味道。吃橙子、品人生，褚时健不同寻常的人生经历，成为一种特殊的文化和情怀，大家又叫它“励志橙”。

好商品不一定畅销，畅销的不一定是最好的商品，左右客户购买的并非全然是理性因素，人们同情弱者，却致敬强者。“人生总有起落”，那股在失意时永不放弃的精神力量催人奋进、引发共鸣。

好的故事具有代入感，能够增进与客户的情感交流，这样有故事的产品怎能不受青睐呢？

第10讲

定位：给客户一个选择理由

商品多样化不仅让企业感受到前所未有的竞争压力，同时也让客户无所适从。在选择暴力面前，最简单有效的办法就是只选择熟悉的，只接受行业里和品类中的佼佼者。

有研究表明：客户心智容量有限，最多只能为每个品类留下七个品牌空间。随着竞争加剧，最终连七个品牌也容纳不下，只能给两个品牌留下心智空间，这就是特劳特定位理论中著名的“二元法则”。

如果某个企业的品牌占据了目标用户心智阶梯的高端位置，这个企业的品牌就确立了非常明显的优势地位，在目标客户的潜意识中，这个企业的产品就是他们的优先选择。

10.1 让客户对号入座

“第一”往往意味着从无到有，因此让人印象深刻。虽然特劳特先生说，只要企业拥有第一的位置，就再没有必要去做广告高呼“我们是第一！”，宣传品类的价值要好得多。的确，顶尖品牌的广告宣传很少见，即便有也是宣传公司形象，而非宣传产品，因为品牌已经深入人心。

不过，某些品牌和产品虽然为人们生活所必不可少，实际接触却并不那么频繁、了解并不那么深入，在行业内部看来显而易见的事实，却并不代表所有的客户都清楚明白，这正是“专家视角”和“客户视角”的差异之处。

如果是第一，确保所有的人知道这一点。“两大集团”因领导地位自然形成类别品牌，成为国内成品油的代名词。南北区域的划分让“两大集团”在南北市场各有优势，这种格局的形成有其特定的历史渊源，但也说明地域限制和信息阻隔的作用远比大家想象的更加强大，品牌定位和宣传工作在弱势区域仍有空间。尤其是随着时间推移，新生代对历史的了解未必深入，近年来，外资品牌高调进入，相比之下，年轻一代更容易接受新兴事物，市场格局因此发生微妙变化。

如果不是第一，就与第一进行关联或者绑定看齐。“青花郎”是郎酒集团的高端战略产品品牌，2017年入选中央电视台国家品牌计划TOP品牌，曾引发业界广泛关注。2017年6月16日，郎酒集团官微首次发布青花郎全新广告语“青花郎，中国两大酱香白酒之一”，有人笑话这句广告词有点“二”，酱酒龙头大哥的强势地位短期内确实难以撼动，“云贵高原和四川盆地接壤的赤水河畔，诞生了中国两大酱香白酒，其中一个是青花郎”，与茅台绑定看齐，退而求其次占据“第二”的位置也就是最好的选择。

阿胶原本不是什么高端滋补产品，而是非常边缘化的消费品，主要是农村里一些老年女性冬季用来补血，该产品仅属于一个很小众化的市场。后来，东阿集团营销团队发明了一个口号“滋补三大宝：人参、鹿茸与阿胶”，就这样，阿胶被拔高到与人参、鹿茸同等地位的珍稀滋补品行列，飞上枝头变凤凰，价格与销量齐飞。

对于新的事物，与其用大量的词汇和数据去解释、定义，不如引导客户从已经存在的认知中找到一个参照系来得简单。因此，汽车刚生产出来的时候被称为“不用马拉的马车”，煤气泄漏报警器直到现在还被叫作“狗鼻子”。由于这种关联被商家提前打上了标签，事情就演变为对号入座。

【案例】2015年前后，石油公司曾非常流行举办一种以“油非促进”为目的的座谈会（一种小型的定向展会），其中“赖茅”酒的品鉴活动很有意思。因为价格远低于“飞天”，在身份明确的情况下，大家理所当然地认为这款酒的口感不如“飞天”，意见非常统一。但活动通常是盲品方式，参与者在不知情的情况下，答案随机而分散；当故意给样酒调换身份再让客人分别品鉴时，评价也奇迹般的颠倒过来。

可见，杯子里面真正装的什么酒并不那么重要，或者说喝与不喝也没有什么分别，客人在潜意识里面早已经按照标签进行了分类，答案自然跟标签提示所得出来的结果一致。

定位不是自我吹嘘和“傍大款”，这种看法只是某种偏见。“农夫山泉”将自己定位成大自然优质天然水的“搬运工”，相比于“贵族”的定位何其谦虚低调，却并没有因此被消费者看轻。定位的关键在于明确企业的品牌和产品的与众不同之处，以此塑造独特个性或鲜明形象，让潜在的客户明白他们为什么选择，或者说，给客户一个现成的选择理由。

10.2 抢占有利空位

第一只有一个，领导也只是少数。这不是什么让人沮丧的事情，客户的看法远比事实本身更为重要。企业只需在客户心智阶梯中寻找到某个有利空位并牢牢占据，就能抓住被优先选择的机会。

聚焦。企业想提供更多类型的产品和服务，占领每一个子市场，对增长的渴望让企业热衷于“品牌延伸”或“多元化发展”。“斯巴鲁”是富士重工旗下的专业汽车制造公司，拥有“水平对卧式引擎”和“全时四轮驱动系统”两大核心技术，在SUV市场具有极高的地位。然而，斯巴鲁并不甘局限于在SUV子市场。拓展轿车领域之后，斯巴鲁逐步丢弃了自己的个性特点，性价比不高，又没有奔驰、宝马的知名度，处于“叫好不叫座”的尴尬境地；与此相反，“长城”汽车于2008年果断放弃轿车产品，聚焦SUV，一举战胜日韩品牌夺得中国SUV市场冠军。

先入为主。麦当劳是全球快餐品牌的龙头老大，率先进入中国市场的却是肯德基，难怪麦当劳在中国市场的整体发展一反常态不容乐观，远远落后于位处全球范围的第二品牌与美国本土市场第七的肯德基。

【案例】肯德基是第一家进入中国内地的西式快餐连锁集团。1987年11月12日，肯德基在中国的第一家餐厅在北京前门繁华地带正式开业，麦当劳进入的时间则晚了近3年，于1990年在深圳开设了首家餐厅；截至2004年12月，肯德基的开店数达到了1200家，而同期麦当劳开店总数为600余家，肯德基在中国的开店数达到了老对手麦当劳的两倍。在1997年至2004年的黄金发展期，肯德基年均开店数超过140家，增速高达70%，而麦当劳年均新增店铺不足50家，前期增速38%，后两年减缓到25%。

由于肯德基在中国市场抢占了先机，相应地取得了客户首选优势。换个角度看，肯德基虽然不是世界第一，却通过快速扩张取得区域相对优势，巩固市场地位拿下了中国第一。

造就领导者的，往往是市场跟随者。在数码相机发明之前，拍完照之后还需要把胶卷拿去专门的地方冲洗出来才能看到。“宝丽来”发明即时成像技术，并且成功地把“柯达”赶出即时成像照相机领域，失去竞争的“宝丽来”逐渐走向一条自闭之道，尚未成熟便开始衰退，缺乏跟随者是造成即时成像照相机市场一直热不起来的主要因素之一。

市场普遍存在“双生”现象。稍加留意不难发现，同类产品“双生”案例实在太多，世界最大的民用飞机制造公司是空客和波音，快餐业有麦当劳和肯德基，电视机有三星与索尼，德国的奔驰和宝马汽车，日本的丰田与本田汽车，目前应用最多的手机操作系统也有Android（安卓）和iOS（iPhone）两个，国内成品油行业“两大集团”自然也是其中一例。

跟随者并不甘心永远做跟随者，保持第一远比成为第一更加艰难。过去成功的经验和行之有效的模式，既是今后继续成功可借鉴的资本，也是束缚思想的桎梏。以剥夺客户选择权为代价所形成的垄断，并不是真正意义上的品类代表。中国邮政EMS在垄断的年代曾经是“特快专递”的代名词，放开竞争之后不久就变成快递市场的一名普通参与者。

最好的防守就是进攻，不仅是向对手进攻，更要敢于用对手的方式进行自我攻击，主动让既有的商品和服务变得过时。保持第一的秘诀，在于让企业成为移动堡垒，从而让对手失去攻击目标。

（1）**攻击旧模式。**在推向市场之前，小米手机就通过市场调研确定产品和服务的开发方向，首个测试版本吸引了超过60万名发烧友参与了开发和改进，在强势品牌林立的夹缝中赢得一席之地，创造了国产手机第一次上市即在5分钟内销售30万台的业界神话。

要想在扭蛋机上集齐一组卡通玩偶可不容易，不仅考验玩家耐性，还需要运气。为什么不直接售卖而非要搞得这么麻烦呢？目标消费群体更享受游戏过程，以及集齐玩偶那种满满的成就感，趣味性改变了卡通玩偶普通商品的属性。

（2）**攻击薄弱环节。**企业中处于销售外围的管理性、服务性部门及岗位，如财务部、仓库的开票员、收款员、发货员、配送员等“无关人员”，都可能接触到客户，给客户留下印象的好坏会直接影响客户对企业的印象。这些人多数不能为达成并实现交易发挥直接作用，却可以破坏交易，影响客户重复购买。

【小故事】有家医院每到星期天上午10点左右，重症病房总会有病人离奇死去，专家对这件事情很重视，成立一个调研小组专门对此进行研究。

某个星期天上午9点，专家们等在重症病房的玻璃门外，要亲眼见证事情的真相。时间马上到10点的时候，负责打扫卫生的阿姨推着车走了进去，拔掉了维持病人生命仪器的电源插头，换上吸尘器的插头，开始打扫卫生……真相是打扫卫生的阿姨不了解仪器插头对病人的重要性，结果导致多名病人的死亡。

细节决定成败，经营中看似不重要、不相关的小细节，往往能折射一个企业的经营理念和对客户的根本态度，从而改变结果。市场每个参与者都非常重要，竞争中原本不起眼的“小角色”，就像电影中的配角，常常在关键时刻发挥作用，逆袭改变、甚至主导局势的发展。

运行健康的企业，可以参考运用防疫的作用机理来自我革新，通过把人工减毒、灭活的不具伤害力的病原菌注入体内，免疫系统便会产生免疫激素和抗体，当再次接触到这种病原菌时，免疫系统便会依循其原有的记忆，制造更多的保护物质来阻止病原菌的伤害。

【案例】通用汽车公司的高管参加了一场演习，CEO丹尼尔·阿克森把他们分为六组，并向每个小组提供了一套关于竞争对手的材料，要求各小组制定一个策略来攻击通用公司。高管们必须考虑将通用汽车公司的哪些业务领域作为攻击目标，并且运用对手的独特方式，用最残酷、最有效的方式将通用汽车公司打败。

演习结束，阿克森总结说：演习的结果非常富有启示性，同时也让人害怕。万一小组成员中有任何一个人退出，投奔我们的竞争对手，那我们只能祈求上帝保佑了！他说，虽然最后一句话有开玩笑的意思，但言下之意是，通用公司与外界一样深知自己的弱点。投入时间对自身的弱点进行探讨之后，通用公司就能抢先一步，赶在竞争对手发现和利用这些弱点之前采取行动。

通用汽车公司CEO阿克森先生保持领先的秘诀是：“投入时间对自身的弱点进行探讨，赶在竞争对手发现和利用这些弱点之前采取行动。”

第11讲 识破“需求”障眼法

在影响客户需求的诸多因素之中，由于预期行情波动引发应对行为，客户“趋利避害”的本能将打破市场均衡：当预期未来市场趋势发生不利变化时，消费行为可能提前；当预期未来市场趋势发生有利变化时，消费行为可能延迟。

由于客户偏好、支付能力等个性原因，客户购买行为受到更多影响，实际情况也变得更加复杂。

为了准确掌握市场需求变化，必须重新对焦，另行设定标准，排除干扰因素，了解变化背后的规律。

11.1 需求层次

在成品油零售环节，由于车辆并不具备额外的储存条件，可调节的余地不多、影响有限。而批发市场容易受市场波动影响，特别是柴油主要作为生产资料，需求变化具有内在原因，借用工矿企业用油情况进行简化分析，更具代表性。

为了维持正常的生产，用户必须具有一定的储备量，这个量由正常的产量、产能耗和最短的到货周期决定，设定为q_1；由于装载、运输以及其他不可控因素，到货周期可能存在较多的不确定性，出于对不确定性因素的担心，企业通常会增加一定的储备量以应对交货延迟，这个量设定为q_2；另外，由于生产本身的季节性变化，旺季赶工提高产能也需要增加能源消耗，由增加的量和产能耗决定，这个量设定为q_3；特殊情况下，由于市场流通性下降，到货周期延长或购买具有不确定性，还需要增加额外储备q_4，以及为了规避涨价风险等形成的投机需求q_5。

参照马斯洛需求层次理论将客户的真实需求划分为五个层次，便于对应理解。需求的刚性由强到弱，当第一层次的最基本需求得不到满足时，企业的正常运转就难以维持。换句话说，用户可能因此变得焦虑和恐慌，并在这种心理驱使下产生抢购等非理性行为。例如，日本福岛核事故曾引发国内抢购食盐风波。此时，客户对价格、数质量、结算方式以及服务态度的关注会降到最低。供应紧张从心理上进一步加剧紧张氛围蔓延，客观上有放大需求的作用，因此，“饥饿营销”是商家最喜欢的促销手段之一。

抢购现象实质是各种需求集中和叠加所形成的“需求井喷”，主要包括没有及时得到满足而延后的需求、现实的正常需求、担忧未来需求得不到满足而提前释放的需求。历年所发生的“柴油荒”不仅包括上述变化，还有销售渠道关闭、停批保零等原因造成的各类型客户向零售环节集中的原因，引起加油站长时间排队加油。

大多数情况下，需求不可能得到彻底满足，当一个层次的需求得到满足以后，便会产生新的需求，原来的需求因此不再具有激励性。当资源供应宽松时，客户的生产和储备等基本需求得到及时满足，就对质量、数量产生新的需求，进而对服务及价格有了更高的要求。因此，企业抱怨客户要求越来越多、忠诚度变得越来越低。如果市场价格下行，客户将依次动用各种储备，尽力延迟购买时间，现实的需求被刻意压制和分散，形成“需求真空”。因此，对企业来说，越是降价越是难以实现销售。

客户的实际购买跟预期往往不同，主要是由于动机的复杂性和矛盾性。以买一辆车为例，大部分人最后实际购买往往超过最初的预算很多，因为不同品牌档次的车辆价格带互有交叉重合，周边人不断施加影响，导购员不断引导客户在性能、性价比、颜色、款式之间的选择过程中攀比升级。

按照目的性的差异，上述五个层次的需求又可以归纳为三种类型的动机，其中：应付日常耗费q_1和正常储备q_2的动机称为经营性动机；应付不测之需储备q_3的动机称为谨慎性动机；出于保值q_4和套利q_5目的所需称为投机性动机（如图1）。

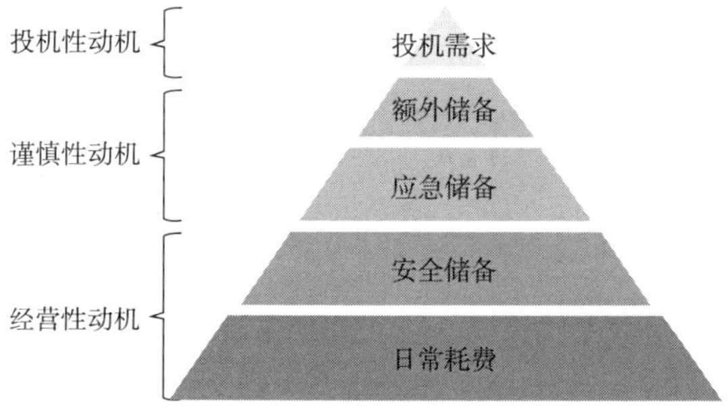

图1

客户具有“趋利避害”的本能，一是主动追求想要实现某个目标，这个目标通常被称为趋向物；二是被动接受想要远离某个目标，这个目标通常被称为回避物。目标或回避目标激发对应行为，在一定程度及范围以内能够通过客户自身努力进行调控的，称为客户“自适应能力”，在这个范围之内的需求具有弹性，具体而言，q_1~q_5弹性逐级增加，q_1弹性为零，q_5弹性最大。企业要引导的，主要是这些弹性需求q_4和q_5。

目标客户对营销刺激相对敏感，会快速做出反应。企业可以制定营销策略改变客户固有的购买规律，如降价促销、饥饿营销、搭赠等，从而使需求前移，锁定客户未来的购买。为此所减少的收益即为机会成本，所谓“减少的收益”具有不确定性，唯有已经实现的价值才是最现实和直接的。

“消费提前”与“提前消费”（也叫“预付消费”）既有联系又有区别，预付消费类似整存零取的方式购买商品或享受服务，虽然也相当于提前锁定了客源，但销售尚未实现。

当市场行情上行时，企业一方面应当顺势放量，另一方面则需要根据库存及到货情况控制节奏，避免销售失控。资源紧张时，应优先满足刚性需求q_1和q_2，适时满足q_3的需求，控制并延迟q_4和q_5需求。

“消费延迟”与“延时消费”既有联系又有区别，消费延迟具有购买的不确定性，而延时消费则是已经锁定的现实消费，但实际消费发生在购买行为完成一段时间之后，一般包括邮购（短期延时）、预购（中期延时）、储购（远期延时）等方式，也包括已售未提。

当市场行情下行时，企业一方面需要贴近市场定价，另一方面密切关注客户库存变化，及时抢抓q_1和q_2的生产刚需，随着行情发展及时引导客户增加库存储备q_3逐步释放投机的q_4和q_5需求。

如果从短期内难以发现客户需求变化规律，则需延长观察时间，从一个完整周期进行分析。只要弄清楚客户真实的动机和需求，按照客户需求层次的优先级次采取不同营销策略，既能够改善客户体验，还能够按照营销目的引导消费，增强市场应变能力，形成独特的营销个性。

11.2 左右为难

企业为从事某项经营活动或利用一定资源获得某种收入时，被放弃经营活动的机会或另一种收入即为“机会成本”。选择是否正确，其依据是实际收益大于机会成本，使有限资源得到最大利用，实现最佳配置。

与此类似，客户是否购买取决于对市场行情的判断，选择当前购买，如果未来市场价格下跌，跌价损失就是为选择即期购买所支付的机会成本；选择未来购买，如果未来价格上涨，未来购买将支付更高的代价，这部分差价就是机会成本，趋利避害的本能促使客户必然想方设法降低机会成本。

但是，并非所有的机会成本都能够用货币来度量，在价格一致的情况下，客户选择购买哪个品牌、哪个商家的产品，会综合考虑产品质量、沟通时间以及服务态度等多重因素。例如，以转售为目的购买成品油，通常更加关注油品的密度、色泽、发货是否足量、是否配送、损耗能否索赔，等等。

当可供选择的对象之间条件差异太大时，选择非常容易；如果选择对象各有优劣，实际成本与机会成本相当，就会使客户左右为难、难于抉择。这个时候企业应当提高某个影响因素所占的权重，如商品质量或者服务等，这个因素应当是企业的优势所在，甚至是核心竞争力所在。

在长期合作中企业与客户所形成的某种默契，是双方已经发生、不可收回的支出，如时间、金钱、精力等。一旦更换采购单位，客户可能遭遇沟通上的麻烦，在衔接上出现失误，停工待料造成损失，可能错过最佳买入点，等等。服务到位的企业，不但跟客户沟通顺畅，服务无微不至，还总是能够提供恰当的买点，通过培养客户惰性增加其转移成本，显著提升客户忠诚度。

11.3 客户价值

客户是企业最重要的资产，与客户建立关系的目的是发挥其价值，并从中获取利益。

客户价值是企业的核心价值，不同维度和角度具有不同的划分方法，借助客户价值矩阵可以更好地说明这个问题。选取两个关键变量，四个象限对应四种不同的客户价值层次（如图2）。对企业最具价值的优质客户群A具有价值且忠诚度高、响应积极，属于高绩效的粉丝客户，也是公司重要的目标客户；致命诱惑客户群B，对企业忠诚度较高、回应很快，议价能力很强，这类客户非常精明、价格敏感度高，让企业无利可图，属于低绩效的边际客户。在成品油行业中，以再销售为目的的批发客户具有上述特征，需要企业提高运营效率，通过库存运作方式提升客户价值；奇异客户群C，具有较高价值但忠诚度不高、响应不够，处于摇摆流失的风险状态。这类客户是企业重点关注的潜在客户，类似于成品油终端客户；幽灵

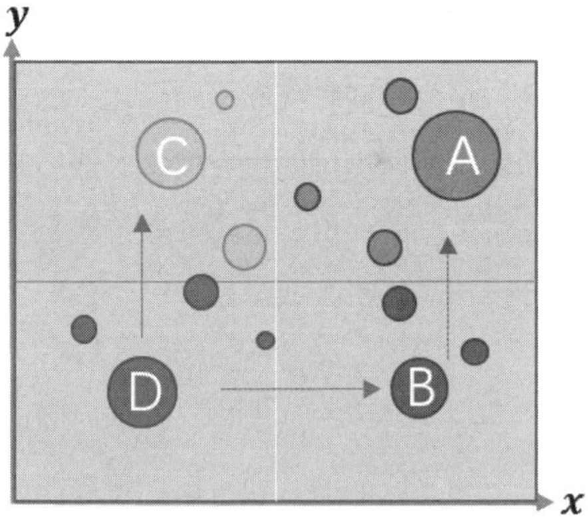

图2

客户群D，是相对低价值且无回应的客户，他们的购买只是应急，或者是在没有其他选择情况下的不得已行为，如“柴油荒”期间“冒”出来的“新”客户，企业无须过多关注。

客户价值管理（CVM）的重要目的之一，就是确定目标客户，制定促进客户转化升级的差异化营销策略，不断增加和扩大A类客户数量规模。

从时间持续性看，客户价值包括现实的和未来的收益总和。未来的收益取决于客户的忠诚度和成长性：如果客户忠诚度不足，企业只是客户的备选项而不是必选项，说明为客户建立的信任还不牢固；倘若客户是处于衰退期的夕阳行业，由于发展趋势向下，其产业链条上的紧密关联行业受到影响而不景气，商品的变现能力可能受到影响，应当防范其是否有足够的现金及时支付货款或偿还债务，尽管这类行业目前的规模不一定小，价值却大打折扣。

企业通常会更加关注客户带来的可用货币度量的价值，即利润。评价客户价值主要从购买价格和数量来进行，也可以使用相对数和变化率。非货币的价值难以定量分析，容易被忽视、忽略，主要包括客户口碑以及社会影响力。例如名人的出现达成了引人注意、强化事物、扩大影响的效应，带动和刺激特定人群的效果不同于一般意义的促销，甚至在方方面面产生影响，这类客户的间接价值远远超过其自身作为客户的价值贡献。

在客户关系管理的实践中，企业不可能把营销决策重点放在潜在的、不确定的客户价值上，而需要更多关注已经反映出来的现实的客户价值。在与客户建立关系的过程中，应当根据特定客户的消费记录和相关信息逐步核定、修正客户价值。当营销策略有所倾向和侧重的时候，按照客户价值优先级次顺序实施，差异化营销策略尤其应当避免顾此失彼，对高价值客户造成伤害。

正如那个著名的“把牙膏开口扩大一毫米”的营销案例，鼓励客户增加用量来缩短商品使用周期。相反的案例是，2018年“双11”结束后，阿里CEO张勇谈到关于手机的销售时说：“手机这一两年没有新一代突破性的技术产生和应用，所以用户换手机的周期在变长，我们可以看到因为创新的来迟，所带来消费者激励作用的减弱，我们也可以看到，它活生生反映了整个中国消费，各行各业的创新发展，在目前的阶段和它带来潜在的机会和需要接受的挑战，这使我们看到用户侧很多的变化。”

【小故事】百货公司新招聘了一名颇有潜质的销售员。这天，经理准备过去考察他的业绩。这位小伙子却说今天只做成了一单生意，经理正在失望的时候，小伙子告诉他，这一单足足有100万元，经理很好奇地要问个究竟。

“是这样的，”小伙子说，“一个男士进来买东西，我先卖给他一个小号的鱼钩，然后告诉他小鱼钩是钓不到大鱼的，于是他又买了大号的鱼钩。我又提醒他，这样，不大不小的鱼不就跑了吗？于是，他就又买了中号鱼钩。接着，我卖给他小号的渔线、中号的渔线，最后是大号的渔线。接下来我问他上哪儿钓鱼，他说海边，我建议他买条船，所以我带他到卖船的专柜，卖给他长20英尺有两个发动机的纵帆船。他告诉我说他的车可能拖不动这么大的船，于是我又带他去汽车销售区，卖给他一辆丰田新款豪华型‘巡洋舰’。”

经理后退两步，几乎难以置信地问道：“一个顾客仅仅来买鱼钩，你就能卖给他这么多东西吗？”“不是的，”小伙子回答说，“他是来给他妻子买毛衣针的。我就问他：‘你的周末算是毁了，干吗不去钓鱼呢？’”

对于营销人员来说，客户已经显现的价值只是其真实价值的极小部分，挖掘客户潜在价值（需求）必须从引起客户共鸣开始，通过客户行为特点捕捉营销机会点，客户的痛点就是商品的卖点，适时地提供满足客户需求的商品服务方案，让客户乐意接受消费引导，持续不断地从一种商品需求过渡到另一种商品的营销机会点，从而建立起消费行为—营销机会—商品诉求—满足需求的循环营销链条，锁定现实需求并挖掘潜在需求，最终实现系列商品组合销售。

【案例】针对当前二胎家庭增加，城市家庭由于照顾小孩跟父母同住，但面对无法解决的婆媳关系、生活习惯和作息不同产生矛盾以及两代人思想观念差异造成磕磕碰碰等问题，有房产商推出“一扇门，两套房”的三代居产品，互不干扰、分而不离的户型受到需求者的追捧。

这种户型有两个相邻而又独立的空间，每个空间各自拥有完整的卧室、客厅和卫生间等生活设施。整套房子内由厨房作为两个空间的衔接点，共同的餐桌美味享受家人其乐融融的团聚。

一般来说，客户最少具备两个基本价值链条，即客户自身的需求链条和社会关系。立足于客户自身，从单品类到商品组合实施循环营销，提高客单价，挖掘客户潜在的剩余价值；提高忠诚度、增加复购率来挖掘客户的时间价值；借用客户的社会关系及影响力，进行裂变式传播蔓延，甚至直接通过客带客的方式，充分挖掘客户的社会价值。

价值需要对价交换，客户从企业的产品和服务中获得的价值越大，可供企业挖掘的客户价值也就越多。

第12讲 接近客户

获得客户认同，从与客户建立良好关系开始。企业希望适应市场要求、实现商品价值，所有的努力都围绕客户而付出：商品和服务改进能够获得客户青睐，营销策略足以吸引客户关注。

普遍认为，客户关系是指企业为达到其经营目标，主动与客户建立起的某种联系。这种联系可能是单纯的交易关系，也可能是通讯联系，也可能是为客户提供一种特殊的接触机会，还可能是为双方利益而形成某种买卖合同或联盟关系。这里包括两层含义：其一是与客户之间相互作用、相互影响的交互过程；其二是与客户沟通联系、达成一致是否顺畅的日常状态。

12.1 建立信任状

在支付宝诞生之前，国内C2C网上交易只能采用直通方式，先收受对价一方容易违背道德和协议，破坏等价交换原则；先支付对价一方受制于人，承担全部风险，陷于被动和弱势境地。支付问题曾经成为电子商务发展的最大瓶颈。

问题的实质在于交易双方互不认识，信任基础为零。为了促成交易，卖家采用货到付款方式打消客户疑虑，将自身置于风险和易受伤害的位置来推动相关活动。比如当当的货到付款方式，因此增加了自身遭遇无故退货并承担运费损失的风险，货到付款仅限于当当自营业务，即B2C模式。

京东属于典型的B2C模式，客户购物后的支付方式也只有直通方式，客户选择在线支付的比例远高于其他平台，原因是客户已经建立了对京东的信任。

在缺乏信用保障或法律支持的情况下，为使买卖双方风险处于可控状态，支付宝等第三方支付履行了中介保管及监督职能，扮演了一个中立见证人的角色，是双方合作建立的信任状。

客户对付市场不确定性和不可控性建立在信任基础之上，这是规避风险、减少交易成本的理性计算。在现实的有形市场，面对面的交易也存在商品交付与资金支付的异步和分离，建立信任成为建立客户关系的起点。

企业如何建立信任状？企业品牌、资产规模、政府或第三方监督（如支付宝）等构成客户信任的基础。

（1）**对商品服务的自信。**说服客户信任的前提是对商品服务的十足自信，例如服装店让导购人员穿上各种款式的服装，既是一种宣传展示的手段，也是对员工最直接的体验培训。多数商品做不到让员工直接体验和感知，加之培训缺失，员工对商品缺乏足够的了解，有的甚至连基本的用途和使用方法等情况都不熟悉，面对客户质疑时容易出现应对不当或者底气不足、说辞牵强，推介效果自然不理想。

（2）**增加接触机会。**从初步认识到建立信任需要一个过程，缺乏经验的营销员急于达成交易，反而容易招致客户反感。必须克服急功近利的做法，从建立联系开始逐步调整接触的频率和方式，消除客户戒心。例如，从发送短信到电话联系，再登门拜访，从纯粹的节日问候到业务信息传递，从偶尔“路过”到频繁接触，“顺便”给客户捎点土特产、小礼物，“不经意”透露一些可能引发客户关注的信息。逐步熟悉以后仍然不急于谈业务，选择一两件容易办到的小事请客户帮忙，或者拿一两笔小单请客户支持，用“微支付”降低客户心智交易成本，这是进入客户心智并增进交往的小窍门。

（3）**重视契约精神。**契约精神缺失不仅增加交易成本和不确定性，而且诱发投机取巧，导致不平等交易行为发生。在成品油行业，特定的历史背景造成缺乏契约精神的，恰恰是大企业。一方面是所谓行业惯例，比如不公开的发油密度、流量误差或者是到货不及时造成延迟交货，这些问题通常一纸通知即可，客户并没有讨价还价的余地，更不可能为此得到补偿；另一方面在于大企业内部规矩森严、程序烦琐，往往只站在自身的角度，维护自身的利益。曾经有人主观认为合作方“可能违约”，便主张自身也不再履约，不经意间透露出大企业天生的优越和强势，当违约不需要付出成本代价，就不再被重视。成本一定是有的，代价肯定会付出，只不过发生在客户有更多选择以后。

（4）**秉承善意理念。**由于立场不同，交易过程往往就是供求双方博弈的过程。消除客户疑虑的最大的考验是在利益面前做出让步，用专业的素质和诚信的态度，在购买时点选择、数量把控、节奏掌握等关键问题上帮客户把关，通过诚信态度和行动逐步建立信任状。相比于问候、拜访这些表面文章，触及利益时所建立的信任状更加牢固和可靠，而对于眼前得失和长远利益，“应赚尽赚”显然不如“赚五分留五分”来得明智，让利于客户才能赢得未来更多的销售机会。

营销需要追求达到的境界，一是客户感恩，二是对手尊重。获取利益凭借正当的方法和手段，谓“取之有道”，对待利益的态度是居利思义，即让利于人。不能对客户采取欺骗方式、隐瞒实际情况，而是用商品和服务实实在在地满足客户的需要，让客户通过购买而受益。

业务交往过程中，认老乡、战友、校友无非是借用另一层关系背书，消除客户疑虑而快速建立信任状的常用手法；营销人员当着客户的面打电话请示折扣幅度，大多数只是一种策略，让客户感觉营销人员与其站在同一立场并帮助其讨价还价，客户因为享受了特殊待遇而心情愉悦，从而加快作出购买决定；在客户困难的时候，予以关心和帮助，这种个别关照客户的行为，日后可能成为客户消费的情感动机——一种源于感恩的情绪消费，这种情况下建立的客户信任状远比一般情况下更高。

企业难以避免烙印上主要领导者的个人特质，受主要领导者风格的直接影响，其个人的理念态度代表企业并反映企业文化和处事准则。问题发生自下而上，解决则需自上而下。事实上，企业征信中确实会考虑企业主要领导诚信方面的因素，毕竟实力≠信誉，不缺钱甘当老赖的也大有人在。

12.2 消费者教育

企业发现，一味迎合客户喜好远远不够，做好4Ps营销组合并优于竞品，消费者自然会比较和选择的逻辑事先隐含了目标顾客是“全知全能”“充分理性”的成熟消费者的基本假设，现实中消费者却并非这样。

商品日益丰富和消费知识相对匮乏的矛盾常常成为顺利交易的障碍，并且，客户的需求和利益也存在冲突，消费具有非理性和不合理性。消费者可能对商品的内在价值并不内行，甚至不能分辨假冒伪劣产品；消费者可能缺乏成熟的购物心理和购物经验，经常被一些不良企业的“营销技巧”所愚弄；消费者可能对有关市场行情不了解，处于信息不对等的弱势地位或者“搜寻成本”过高；消费者可能还有非理性消费行为，如贪图便宜购买假冒伪劣商品，放纵自己吸烟酗酒的不良嗜好等。

消费者教育不同于广告、促销和公关活动，以提高消费者素质，增加消费者消费理性度和成熟度为目的。旨在通过一定手段，将企业、产品、服务、政策、策略等期望消费者了解的信息传播给消费者并获得认同，是对现代营销理论的重要修订和完善。

【案例】相信多年的“酸碱体质”竟然是假的。2018年11月酸碱体质理论大师、创始人被罚1.05亿美元，当庭承认骗局。到目前，仍有不少人对“酸性体质”更易致癌甚至影响生男生女深信不疑，把“碱性生活方式”奉为圭臬。专家对此的说法是：人体不存在酸性体质或碱性体质，我们永远是弱碱性体质。

客户心智具有可变性，这既可能是商品本身的功能升级，如数码相机取代胶片机；也可能是被更先进的技术淘汰，如手机取代传呼机。客户教育不是改变客户心智，而是通过不断的潜移默化，在客户心智中为企业和产品打开一扇门，让企业品牌和商品所独有的差异化特点被客户所接纳并产生共鸣。

有时候，客户并不真正明白自己所需要的是什么，他们不是专家，没有兴趣和义务来关心你企业的经营和发展。客户教育的实质是有计划地传播消费知识、宣传消费观念、培养消费技能、交流消费经验、提高消费质量，通过与客户建立信任，从而进入客户心智引导其消费行为的活动，帮助客户从选择暴力中解脱出来。

【案例】出租车司机靠跑车养家，一般都非常节俭舍不得花钱，向他们推销商品成功率通常不高，如何发现他们的需求并成功推销呢？答案是苏打水。由于经常不能准点吃饭，长期下来胃病成为这个行业的职业病。成功推销之前必须让出租车司机了解，得胃病的原因是因为长期不按时吃饭，胃酸直接接触并腐蚀胃壁，胃受了损伤就成了胃病。而苏打水能中和胃酸，即便仍然不能按时吃饭，毕竟对胃有了保护。当然，如果能引入针对出租车群体的性价比高的便当盒饭，必定会大受欢迎。

有一本很神奇的《答案之书》，在心里默想好问题，随便一翻就能找到答案。其实，这些答案都是模棱两可的暗示，认真想却很有道理——答案就是你自己想要的。多数时候，客户不购买并不是没有需求，而是缺乏信任、心存疑虑。甚至于客户所提出的异议有时也并不真实，要么是一种质疑方式，要么是还没有完全说服自己。营销就是帮助客户寻找一个消费理由，迎合客户寻求补偿的心理。

以白酒为例：截至目前，国内市场浓香型白酒份额超过50%占据绝对优势，酱香型白酒市场份额仅为15%。但行业前瞻预测酱香型白酒发展前景看好，市场份额有望持续提升至30%以上。毋庸置疑，茅台品牌魅力的带动功不可没，“纯粮酿造无添加”的客户教育也至关重要，绿色健康的理念赢得了客户认同。

建立信任与客户教育互为补充，有时两者根本密不可分，专家权威解读、明星代言、客户现身说法是企业惯用手段。一旦对商品和服务进行关注，客户便会进入自发的学习过程，以印证和补充企业所开展的客户教育。

营销不同于推销之处，在于后者仅仅是一个简单的推介行为，彼得·杜鲁克说：“市场营销的目的在于使推销成为多余的。”如果剔除负面因素，赵本山《卖拐》系列小品中通过观察客户行为—发现客户痛点—教育说服客户，最终创造需求引导消费，可以算作教育客户的教科书式营销案例。

12.3 客户私有化问题

据各种研究报告显示，开发新客户的单位成本是维护老客户的6~8倍，而企业每年客户平均流失率约为10%~30%。一方面，企业希望营销人员与客户建立并维持良好的关系，以此增加客户购买商品的意愿，并愿意为之付出额外代价；另一方面，由于员工离职造成的客户流失让企业猝不及防而又无可奈何。

由于文化差异，西方的客户关系多为工作上的往来，而国内的客户关系则掺入了更多的私人交往，这种日常交往和联系所形成的心理连接，加强或削弱了客户与企业做生意的愿望。成品油不同于普通商品，价格频繁波动的特点造成客户购买的决定因素并非现实的价格，而是预期的变化。好的营销人员不仅提供细致周到的服务，并且参与到客户的购买决策过程之中，高昂的转移成本是营销人员提高客户忠诚度的制胜法宝，这不是建立一个客户档案或者引入一个CRM系统所能解决的问题。

客户经理制类似于手工作坊的生产方式，强调人的作用并整件包揽，产品具有鲜明的个人特征；流水线生产则以机器设备为主进行单元作业，产品标准化，操作员可替换。前者过度依赖员工个人的能力素质，员工个人所采取的态度和行为成为影响客户购买的主要因素，这是作业方式不同所造成的差异。

企业几乎不会关注客户的生产经营，更不会关心客户再销售，在下一个分销环节甚至又会变成竞争对手。因此，企业在客户关系管理中缺位甚至错位，营销人员既担任了企业与客户沟通的中介，又在一定程度上扮演了客户利益的代言人，而企业本身的作用没有得到充分发挥，影响力被削弱。

截至目前，客户经理仍然是最为经济和高效的作业方式。问题的关键在于确保员工的稳定性，同时需要逐步强化企业的形象和作用，形成有别于一般对手的营销特质。

第13讲

沟通与促成

营销从沟通开始。卡耐基曾经说过，一个人的成功，15%取决于知识和技能，85%取决于沟通——发表自己意见的能力和激发他人热忱的能力。

就本质而言，营销就是沟通，沟通就是营销。沟通是最简单直接的营销传播，不管是广告、推广、促销还是面对面的推介，都是通过与顾客进行双向信息交流，建立共识而达成价值交换的过程。

能否进行有效沟通，不仅在于方式、方法是否恰当，时机选择也非常重要。

13.1 消费敏感期

有一个“智子疑邻”的故事，大意是说：有个人丢了斧子，怀疑是邻居偷了，再观察邻居的一言一行、一举一动，都像极了偷斧子的人。不久，这个人找回了斧子，从此又觉得邻居言行举止正常无二，没有一处像是偷斧子的人了。

一般认为，丢斧子的人预先在心里下了结论：斧子就是邻居偷的。带着这样的主观成见去观察对方，就像戴了一副有色眼镜，在不自觉中将自己的看法投射到对方身上，形成选择性知觉，使得他只能注意到他想注意的品质或特征，其他无关的一概被选择性忽略，即“心里想什么，就看到什么”。

产生这样的心理变化，是由于发生特定事件（如丢失斧子）而处于一种异常的“应激状态”，对外界刺激非常敏感，一触即发马上会做出反应，称为“敏感期”。敏感期原意是指特定能力和行为发展的最佳时期，在这一时期个体对外在环境的某些刺激会产生特别敏锐的感受力，以致影响其心智的运作或生理的反应。比如学习语言对成人来说是件困难的工作，但幼儿能轻易地学会母语，从开始注视大人说话的嘴形并发出牙牙学语声时，就开始了他的语言敏感期。处于冲动状态时候，所做决定会比平常更加轻率；情绪低落时或者心情悲伤的人，会觉得笑声特别刺耳，甚至误会是别人在有意嘲弄；迷茫的人更容易被引导或受人蛊惑。选择恰当的时机往往事半功倍，有经验的员工会选择老板高兴的时候请示，事情很容易办成。

客户为什么会变得敏感？如果能够及时掌握客户敏感期，则营销成功的几率将大幅增加。

（1）**过去的经历影响。**俗话说：一朝被蛇咬，十年怕井绳，这是由于过去的经历在影响现在的行为。经历过物资匮乏年代的人，往往比较节约，总害怕历史重演。有人调侃，5·12大地震之后，四川有两个指标大幅度增加：一个是离婚率大幅度增加，另一个是买车的人大幅度增加，地震让当地人们的生活理念和消费观念发生了改变，更加珍惜当下，更加注重当前的生活品质。

（2）**环境的改变。**人的心理活动以及行为动作会随着环境变化而改变，尽量做到与环境相衬。比如在图书馆静悄悄的环境中，人们走路会放轻脚步，说话会压低声音；而同样的人，在酒吧和夜市这种喧嚣嘈杂的环境中，会更加豪放、不受拘束。这是人适应环境的本能，可以最大限度地减少冲突，保护自我。

（3）**地位收入的变化。**有些人在升职之后，会特别在乎别人对他的看法，一方面是由于不够自信，怕做错事情被人瞧不起；另一方面也渴望获得大家的认可，在新的平台上树立权威，巩固自己的地位。他的工作和生活习惯可能会随之发生变化，不论吃穿用度、言行举止，都迫切希望能够融入新的更高层级的圈子之中。

消费动机只有强烈到一定程度，且具备现实的支付能力，才能转化为需求。抓住客户的消费敏感期，等于掌握了促成交易的钥匙，聪明的营销人员不但善于捕捉时机，还会主动营造氛围、制造事件，触发客户消费敏感。

（1）**贩卖焦虑。**出于对未来不确定性的过度担心，人们往往愿意支付超出常理的代价。许多客户处于迷茫状态，不清楚自己的需求到底是什么，在向这类客户推送商品或服务时，他们或许会存在抗拒心理，如果改变他们的价值观、激发他们的危机意识，达成交易的可能性就成倍增加。

人为制造焦虑，以快速促成交易。如限时促销，升价拍和降价拍背后的原理也如出一辙，让时间流逝变成客户增加交易成本的代价；涨价前销售是典型的敏感期促成交易，排队加油的客户并没有计算为之额外付出的时间成本，或许还有绕路、等待过程中的油耗。这个时候，客户只关注一点，即不愿意因为涨价而蒙受损失。

（2）**期待未来更好。**人们喜欢通过比较的方式对自己进行评价，“向下比较”容易满足于现状而产生惰性，“向上比较”则会引发人的不满足感，“期待未来更好”的心态有利于推动人与社会共同进步，如为了升职加薪而购买各种书籍、参加各种培训讲座。

比较法最适合于“期待未来更好”型的客户，客观上讲，这种人表面上显得更加理性，能够迅速发现差距并付诸行动，实际上容易冲动消费。商家只需用“比你优秀的人比你更努力”“不能输在起跑线上”之类的暗示，就能扩大刺激的范围，并让消费需求在时间上不断前移。共同努力的结果造成了内卷，于是只有加倍努力。

（3）**获得认同。**每个人都渴望能够得到重视，婴儿天生会通过哭闹表达饥饿或不适，以引起大人的关注。长大以后则通过优秀的成绩或特长获得表扬和奖励，有些小孩则用调皮捣蛋的方式来表现，因为他们实在想不出更好的办法。成年人的心态更为复杂，仅仅是为了获得别人的关注或羡慕，就盲目消费与自己收入不匹配、甚至超过支付能力的商品。

正是为了迎合这种心理，厂商明知豪车的真正购买者只有少数富豪，大范围推广并不能带来多少增量，仍然不吝大笔的广告开销，只不过是为了让更多人明白这不是普通人能消费的产品，唯其如此，购买者才能获得更多的尊荣感和优越感。

13.2 沟通法则

从广义上讲，菜市场的讨价还价与谈判桌前的据理力争并无二致，都是主动协商并谋求一致的行为过程，事实上，大部分业务达成一致前都采用了非正式的交涉和磋商。

在产品足够充裕、竞争充分的情况下，客户掌握更多的主动权而处于优势一方，企业为了促成交易而不惜主动让步。利用卖家急于成交的心理，有经验的买家故意迟迟不下单，逼迫卖家很快将筹码和盘托出，并且一而再、再而三地降低心理预期……

遇到这种情况的时候，企业应当马上调整节奏并问自己一个问题：主动发起方到底是谁？客户的关注点是什么？企业产品的卖点是否能够打动客户？如果事前并没有了解、掌握客户的关注点，那就应该把所谓的谈判调整为拜访，直到真正了解客户为止，而不是急于卖出产品。

中国人普遍比较含蓄，很少直接表明自己的态度，在某种程度上降低了沟通的效率，也因此增加了转圜的余地，减少了矛盾冲突。友善和诚信的态度是有效沟通的前提，而让人愉悦舒服是沟通的艺术，为了更好地阐明观点，下面讲述笔者亲身经历的几个案例。

沟通的第一条法则：在遭遇不合理待遇时表现出足够的大度，用友善和诚信感动对方。

【小故事】曾经历过一次没有磋商过程的谈判，地点就在某高速公路工地边上临时搭建的小二楼板房。路桥公司现场条件确实不太好，去的时候比约定时间早了些，对方正在开会，12月的冬天不要说热茶热水，连个坐的地方都没有，只能站在没有遮蔽的过道里等待。

刚开始还出来人打个招呼，说有个紧急会议。不想这一等就是两个多小时，负责衔接的客户经理很没面子，中途几次想冲进去打断会议，都被我阻止了。我们就在过道里一直等，已经到了中午饭点，门终于打开了。对方负责人过来先是简单道歉，然后直截了当地说，不用谈判了，已经决定了由我方独家供应油品。

回去的路上，客户经理不断给我道歉。我笑着对客户经理说，谈判两三个小时的效果，未必能有等待的效果好啊。

所谓谈判，包括两个关键环节：第一个是“谈”，即双方之间的沟通和交流；第二个是“判”，即做出决定。但是，沟通和交流绝不仅限于语言或者文字，仪容举止、特别是异常情况下的本能反应，更容易暴露原本处于克制和隐藏状态下的真实性格和品质。

沟通的第二条法则：谁在乎谁让步，谁不急谁受益。

【小故事】笔者曾处理过一桩已收购加油站不包括进出口及部分罩棚下土地的奇葩纠纷。由于追求网络发展的速度，过程不规范遗留问题。加油站收购后正常经营数年，口岸日臻成熟，价值随之倍增。原业主心生悔意，借土地问题叫停加油站经营，并坐地起价。

在停业数年间里已经过了多次谈判，皆因原业主期望值太高未能达成一致。接手这个项目之后第一次协商，原业主态度倨傲，完全没有一丁点让步的意思。我仅简单随意地确认了对方不愿意继续洽谈的意见，就带队离场。

第二次谈判，甫一开始我便要确认今天谈不谈，并作势欲走。对方有点动摇，开口挽留。我趁机大倒苦水，说“早知道这个项目拖了很多年，我也没抱任何希望，无非做个样子好交差罢了。”

缺口打开，接下来就好办了，事情很快得到圆满解决。

作为主动发起方，在即将达成一致的关键节点，也是防守最薄弱的时刻。

为了不让前面的努力付诸东流，要么继续退让，要么欲擒故纵、以退为进。退两步进一步或者退一步进两步，造成主客易位常常是商务谈判中实用的小技巧。

如果说谈判必定是以牺牲某方利益为代价却也未必，有一种“双赢谈判”的观点，把谈判当作一个合作的过程，尝试和对手像伙伴一样，共同去找到满足双方需要的方案，使冲突更少、费用更合理、风险更小。

沟通的第三条法则：强化合作双赢的理念，不能以牺牲对方的利益来实现谈判目的。

【小故事】经过一段时间的努力，公司的经营规模实现了大幅度的提升，随之出现两个问题亟须解决：一是因库容有限，外库寄存费率太高；二是代储合同即将到期，存在变数。如果被第三方介入，不但平添竞争对手，而且现有规模很难保障资源。

费率已经执行多年，大家一致认为能够跟现标准持平已属非常难得。接下来的谈判按计划分为了三个阶段：

第一阶段磋商按原费率续约三年，特别注明独家存储，按量计费。

第二阶段磋商降低费率，并在谈判过程中减少仓储量，使对方实际收益减少。通过施压达成原费率适用保底量，超过部分费率减半。作为补偿，我方暂不考虑其他替代途径，合作期限延长到十年。由于销售规模大幅增加，仓储费总额也较以前有大幅增长，对方很满意，而我方吨油费用大幅下降，达到降费目的。

第三阶段，我方提出周转效率太低，希望业主方投入资金进行技改，以进一步提升仓储能力，投资也将通过增量逐步回收。对方表示股东构成复杂，投资决策程序烦琐，意见很难统一。最后达成一致：由我方投资技改，业主方按投资额在合作期限内平均扣除应收仓储费。为避免对当期收益影响过大，合作期限进一步延长到十五年。

防范的本能让企业把合作方当成敌人进行博弈，这种心态让沟通过程变成对抗。有些人喜欢描绘美好前景，大谈一通商业模式，而对盈利模式避而不

谈。合作必然有利可图，盈利模式可以反过来佐证商业模式是否可行，只有搞清楚对方的动机和意图，才能真正明白合作是否可行、是否公平。

包括已经建立信任状的老客户，在面对下一笔业务、下一次合作时，仍然存在本能的戒心，保护自己的利益不受侵害。要避免只强调自己的困难、算自己的账，而需要多站在对方的角度、考虑对方的利益，找到一个满足双方需求的最佳方案。

沟通的第四条法则：主动透漏己方某些动机和真实想法，适当让步以促成合作。

【小故事】决定是否收购一座在营加油站，除口岸及流量之外，现实的销量也是极为重要的参考。然而，业主一般将真实销量视为商业机密，要么阻碍抄表、要么弄虚作假，不会轻易配合。

一般笔者会明确告知业主，抄录加油机走字数是为了掌握真实销量，也是公司要求。我们看重的是口岸价值，销量仅仅是增加一项佐证。这种情况下业主一般都会同意抄表，过一段时间抄录止数也就顺理成章。如上所述，这个数据不一定真实可信，但不要紧，我们仍然要感谢对方的支持和配合，明示或暗示抄数已经完成。

此时，我们只需将原本的止数换作起数，过一段时间再次拜访“顺便”再取得一组数据作为真正的止数即可。

谈判技巧通常让大家隐藏真实动机和意图，讳莫如深让双方无休止地陷入拉锯战；影视剧中谈判高手力挽狂澜的英雄形象误导了不少人，现实情况更多的是“会而不议”，如果存在原则性分歧，根本没有逆转的可能性，重点事项早已在正式谈判之前磋商一致，谈判桌上要解决的主要是细节和措辞。坦诚相待既能够提高沟通效率，也有利于引导对方换位思考，不再纠缠于细枝末节。

谈判是妥协的艺术，没有让步就没有成功。一次销售过程就是一次沟通和谈判过程，特别要提醒好胜之人，“赢了争论丢了客户”的情况经常发生，所有的商务谈判也一样，千万不要“赢了争论毁了合作”。

30

无可避免的价格战

兵法云：先胜而后战。

其实这也是价格战不可避免的原因，优势就是一种“能”，未释放前为“势能”，释放后变成“动能”。势能转变为动能只是时间问题、时机问题。

既然如此，只有把主动权牢牢掌握在自己手中。

在准确预判市场变化趋势的基础上，合理掌控进销节奏，特别是重视采购策划，从各个环节引入科学管理，以获得整体优势，增加竞争获胜的概率，从而避免赌博式经营。

第14讲

概率赢家

在古代人们对自然现象还没有足够了解的时候，但凡遇到天灾、战争等大事，就靠观察龟甲裂纹等方法获取征兆，推算吉凶祸福，这是预测最原始的状态。担任神职的“祝”或“巫”曾经的地位不低于当时的王，可见预测的重要性。

当然，古时候的预测方法缺乏科学性，仅仅是一种心理安慰。现今人们根据客观规律，运用定性和定量方法，对未来可能的趋势和可能达到的水平进行推测，则是基于一定的概率。而所谓预测准确与否，实质是对概率大小的判断，由于掌握信息量多少和看法的差异，便造成了不同的预测结果。

没有一种预测方法会绝对准确可靠，但是，没有一家企业可以不进行预测而等到事情发生时再采取行动，特别是市场主导权移交到客户一方之后，企业不得不做出更多的价格让渡，对成本管理提出了更高的要求。

14.1 间接推断

众所周知，产品主要原材料的价格涨跌会直接传递到成品，原油价格变化自然也不例外。我国《石油价格管理办法》明确规定：汽、柴油最高零售价格以国际市场原油价格为基础，考虑国内平均加工成本、税金、合理流通环节费用和适当利润确定。

用定性分析的方法，成品油和原油价格基本走势应当一致。问题在于现行成品油价格办法既没有明确具体挂靠的国际油种，也没有公布具体计算公式。专家解释：这些内容涉及国家石油安全，可能诱发我国石化行业潜在风险。我国是世界原油进口大国，进口原油来源和国内成品油定价挂钩方式受到全球关注，很容易引起炒作。即使是完全市场化的国家，例如成品油价格完全由壳牌、美孚、BP等企业自主定价，也没有将自己的成品油定价机制细节全部公布的例子。

如果掌握相关细节，无疑可以洞悉成品油价格变化趋势，掌握市场先机，业内对相关问题的探讨一直未曾停歇，各大专业网站根据历史调价情况建立了自己的价格预测模型，大型石油公司及专业机构各自摸索出一套接近实际的算法，基本能够真实地反映变化趋势，让成品油价格变化日益透明。只是因为三地原油的具体权重难以掌握，涨跌幅度略有出入。

对于一般企业和消费者，参考机构计算的结果来得最为简单直接，如果想进一步搞清楚事情的来龙去脉，则可以对石油市场做进一步了解。

全球石油市场分为成品油现货及原油期货两大类型。其中，主要的成品油现货市场有西北欧市场、地中海市场、加勒比海市场、新加坡市场、美国市场5个。如西北欧市场分布在阿姆斯特丹—鹿特丹—安特卫普地区，主要为德、法、英、荷等国服务，核心在鹿特丹；新加坡市场的出现尽管只有10多年时间，却因地理位置优越，发展极为迅速，现已成为南亚和东南亚的石油交易中心；美国年消费石油9亿吨左右，约占全球总量的1/4，其中6亿吨左右需要进口，于是在美国濒临墨西哥湾的休斯敦及大西洋的波特兰港和纽约港形成了一个庞大市场。过去，中国的成品油零售中准价就是参照国际市场鹿特丹、纽约、新加坡3地价格制定的。而且国际成品油市场的发展历史较原油市场短，各地区的成品油国际贸易都主要以该地区的市场价格为基准作价。

由于我国进口成品油较少，主要以原油为主，年进口量约3亿吨，对外依存度高达60%以上，作价机制短暂挂钩国际成品油之后就调整为挂钩原油价格。

目前全球范围的石油期货市场主要有纽约商品交易所、伦敦国际石油交易所以及后来兴起的东京工业品交易所。国际原油市场的原油都是以世界各主要地区的标准油为基准作价。按4个主要地域划分，有5种作价公式：

（1）美国西得克萨斯中质原油WTI。所有在北美生产或销往北美的原油都以WTI原油为基准作价。

（2）英国北海轻质原油BRENT。从苏联地区、非洲以及中东销往欧洲的原油以布伦特原油为基准作价。主要包括的地区有：西北欧、北海、地中海、非洲以及部分中东国家，如也门等。

（3）阿联酋含硫原油DUBAI。从中东产油国生产或从中东销售往亚洲的原油都以它为基准作价。

（4）远东市场分两种方式：马来西亚轻质原油TAPIS。它是在东南亚代表轻质原油价格的典型原油，东南亚的轻质原油大部分以它为基准作价；印度尼西亚的米纳斯原油MINAS，以这种方式作价的主要有印尼原油以及远东地区部分国家的部分原油，如越南的白虎、中国的大庆等。

这样的定价体系决定了各个地区进口石油成本的差异。据专家统计，1993~2001年，沙特轻质原油销往东北亚地区的价格比销往欧洲的价格平均高1.01美元/桶，与销往美国市场的相比，差距更大，有时达3美元/桶以上，甚至出现过直接从沙特购油运回国内，还不如按沙特给美国的价格先从沙特运到美国，再从美国转运到中国的价格便宜，这种现象在国际上叫作“亚洲升水”。

根据可查考的资料显示，我国原油进口源自中东地区的份额超过50%，其价格以阿联酋含硫原油DUBAI为基准；苏联地区、非洲进口原油占比约为30%，价格以英国北海轻质原油BRENT为基准；而现阶段我国从北美地区进口的原油量并不多，对应成品油挂钩品种应当以DUBAI和BRENT占主要权重。

WTI原油容易受当地供需的影响，更像是一个地区油价，而与全球原油市场基本面的变化无关。挂靠原油油种即使将WTI列入其中，估计其所占比重也不会太大，主要目的是在定价机制中体现WTI的变化趋势。

而且，我国进口原油的主要品种是中质含硫原油。中质含硫原油资源相对丰富，其产量份额约占全球原油产量的44%。目前国际市场还缺乏一个权威的中质含硫原油的价格基准，随着亚洲石油生产和消费的国际影响力不断增强，全球石油贸易中心加速东移，2017年中国已超过美国成为世界最大原油进口国。

为了更加客观地体现亚太地区的供求情况，2018年3月26日，原油期货在上海国际能源交易中心挂牌交易。目前，上海原油期货价格走势与WTI和BRENT形成了良好的互动关系。价格走势整体与国际石油市场保持一致，同时在一定程度上反映了原油期货到岸价，具有中国特色。不难想象，上海原油期货作为成品油定价挂钩品种之一无非时间而已。

用定量的方法分析，我国汽柴油价格每10个工作日进行一次调整，根据挂靠原油加权平均价格变动幅度进行成品油价格的调整。需要注意的是，现行价格机制缩短至10天的是调价周期，计价周期仍按22个工作日计算，调价期与计价期是两个不同的概念。

从业者没法明确原油每涨跌1%对应到成品油具体为多少钱，因为基数完全不同。更为科学的提问方式，应该是原油每涨跌1美元对应到国内成品油是什么概念，如果忽略汽柴油的差异、忽略未兑现幅度的影响，根据历史数据可以大致估算一个概数，约为50元/吨。

人们热衷于用三地原油变化率预测市场价格，这种办法属于间接推断，确实可以推导出政府允许的最高限价调整方向及幅度，却不能推导出市场价格。最高限价≠市场价，这是一个误区。在过去商品匮乏的很长一段时间内，最高限价曾经被作为市场执行的统一标准，现在情况已经发生了根本性改变。国家层面也认为定价机制与国际原油挂靠有较多的可取之处，但不可否认当期成品油定价机制仍存在不足之处，很难对国内成品油市场供需面和地区差异化形成及时有效的反馈。回顾近年来最高限价与市场价的关系就知道，一是市场价变化领先于最高限价的调整，二是大多数时候二者趋势一致，却并非完全一致。

这就造成预测与政策调价基本吻合、与市场背离的情况时有发生，不仅不能达到预期的效果，有时还会误导企业做出错误决策。

14.2 “测不准”悖论

为什么要预测？预测的目的当然并不仅仅是想要提前知道结果这么简单，趋吉避凶和趋利避害的本能促使人们想方设法去改变结果，使之符合期望。

天气和地震这类“不会因为预测而改变”的现象称为一级混沌，在现有条件下，即便准确预知了这些信息，所能做的无非是加减衣服、带把雨伞，或者在地震前疏散到开阔地而已，预测行为不会对天气和地震本身带来任何改变；如果人们能够事前预知自身行为所造成的后果，世界会因此变得更加完美，这种“会受到预测的影响而改变”的情况被称为二级混沌，市场行情显然属于后者。

因为受到预测的影响而发生改变，原本应该发生的情况没有发生、应该出现的事情没有出现，预测行为使预测结果陷入“测不准”的悖论之中。

“测不准”原因之一：基于正确数据的错误解释，使预测背离实际结果。

首先，影响原油价格涨跌的因素极为复杂。当其作为战略物资时对地缘政治极为敏感。2019年9月14日凌晨，10架无人机用炸弹袭击了沙特国家石油公司（阿美石油公司）的两处石油设施，并引发了熊熊大火。次日，《出大事啦，全球油价即将上涨！》等类似题目的新闻便开始在圈内刷屏。接下来几天国际原油价格暴涨19%；国际石油交易主要以美元来标价，美元汇率也是影响石油价格涨跌的重要因素之一；石油库存分为商业库存和战略储备，商业库存主要应对季节性波动，而战略储备主要防范石油危机。期货与现货的价差，促使石油公司对库存做出相应调整，也会引起价格变化。

其次，原油具有双重属性的特殊之处。其作为商品符合经济学中商品的一般属性，价格由供求关系决定并围绕价值波动；其作为投资品的金融属性则受资本影响，投机炒作使其价格经常并大幅度背离作为商品的内在价值，这是用三地原油变化预测国内成品油市场价格的最大局限。荷兰就曾经发生了一起类似的郁金香泡沫。

【案例】郁金香原产于小亚细亚，1593年传入荷兰。由于郁金香被引种到欧洲的时间很短、数量非常有限，因此价格极其昂贵。一些机敏的投机商就开始大量囤积郁金香球茎以待价格上涨。不久，在舆论的鼓吹之下，人们对郁金香表现出一种病态的倾慕与热忱，并开始竞相抢购郁金香球茎。

1634年，炒买郁金香的热潮蔓延为荷兰的全民运动。当时1000元一朵的郁金香花根，不到一个月后就升值为2万元了。1636年，一株稀有品种的郁金香竟然达到了与一辆马车、几匹马等值的地步。面对如此暴利，所有的人都冲昏了头脑。他们变卖家产，只是为了购买一株郁金香。就在这一年，为了方便郁金香交易，人们干脆在阿姆斯特丹的证券交易所内开设了固定的交易市场。

1637年，郁金香的价格已经涨到了骇人听闻的水平。与上一年相比，郁金香总涨幅高达5900%！一株名为“永远的奥古斯都”的郁金香售价高达6700荷兰盾，而当时荷兰人的平均年收入只有150荷兰盾，这笔钱足以买下阿姆斯特丹运河边的一幢豪宅。

当时从英国来的船员不认识郁金香，他们像剥洋葱、大蒜一样，把郁金香的球茎一层层撕开来看，甚至拿郁金香的球茎当午饭吃。这个事情传了出来，大家开始趋于理性：这东西长得也不算多美，吃起来也就和大蒜差不多，它值这么多钱吗？这件事越传越远，越传越远，引起了广泛质疑。卖方突然大量抛售，公众开始陷入恐慌，导致郁金香市场在1637年2月4日突然崩溃。一夜之间，郁金香球茎的价格一泻千里。4月，荷兰政府决定终止所有合同，禁止投机式的郁金香交易，从而彻底击破了这次历史上空前的经济泡沫。这次投机事故给荷兰造成了相当大的打击，3年内荷兰的经济陷于瘫痪。

然而，人们却简单笼统地把原油价格变化归结于供求关系变化，然后一厢情愿地认为这些变化会传导至成品油。显然，错误的解释导致错误的结果。当原油的商品属性日益降低，金融属性日益凸显，就慢慢从消费品衍变成了金融产品。

【案例】拥有互联网广告行业15年经验的丹尼斯·余在职业生涯中也遇到类似问题。在对美国航空公司网站aa.com进行优化时，丹尼斯·余分析顾客行为，试图优化航空公司的广告支出。他发现，大部分机票是在晚上售出的，白天出售的机票非常少。

丹尼斯·余做出了在他看来非常理性、基于数据的决定：取消了白天的所有广告支出，将公司资源集中到了晚上——也就是顾客购买机票的时段。这似乎是一个非常合理的决定，但是，网站的流量出现了大幅下滑，公司收入也大幅减少。

经过与更多消费者交流，丹尼斯·余意识到，飞机票的销售周期并不仅仅发生在晚上。人们在白天上班时间对不同机票价格进行比较，对旅行进行规划。只有当他们回到家和配偶商量完以后，他们才会购买。在白天的规划阶段将美国航空呈现在消费者面前比在晚上交易阶段维持网上的存在性更加重要。

以上情景是否似曾相识？表面看来理性的、基于数据的决定，又有多少是在错误解释情况下所做出来的呢？

“测不准”原因之二：人们总是愿意相信好的而不愿接受坏的结果。

预测毕竟是主观行为，一方面数据信息收集受到人的限制，另一方面这些变量采用也受到人的限制，大数据、云计算只是在很大程度上规避了这些主观影响。况且，很多人在预测事前已经具有一定倾向性：对于符合预期的结果就欣然接受，而对于不太理想的结果就不断地补充依据，所谓预测，实际只是佐证其直觉判断的形式而已，这种倾向性也被称之为“证实性偏差”。

业内人士应当记忆犹新，始于2014年7月的国内成品油价格连续下跌，总共经历了“十三连跌”。这波行情令经验丰富的老石油们折戟沉沙、损失惨重，最主要的原因在于七八轮连跌之后，大趋势中的小行情迷惑大多数人做出误判，选择性接受行情拐点已经来临，排斥断崖式下跌行情将延续，从而丢掉判断应有的理性。

“测不准”原因之三：有预测就有调控干预，从而改变预测结果。

不论预测者是个体还是组织，当预测结果不及或背离期望值，就会采用调控手段开展干预行动。以房地产为例，2008年5·12地震以后，房市冷清持续到次年，来自各方的权威预测异口同声判断“市场持续下行”，并呼吁政府“救市”，于是降息减税、首付比例减少、入户条件放宽，房市在极短的时间内迅速回暖，预期的房市“严冬”刚刚过了一个秋天就重返盛夏。

房市过热很快迎来新的预测，即泡沫已经出现，需要降温。于是新一轮调控开始，不过，市场普遍认为，从“国十一条”开始，“国十条”“9·29新政”“新国八条”以及“国五条”，历时三年共五次调控升级缺乏具体的政策规定，并无实际“杀伤力”。这在一定程度上反而坚定了消费者和投机者“房价必定上涨”的信心，于是市场迎来报复性上涨。就在大家以为房价可能面临失控的时刻，史上最严厉的调控——“限购”政策出台了。

“测不准”的原因之四：预测作用力使市场波动节奏加快、幅度增大。

市场自有其变化周期规律，在预测的作用下，要么是愈来愈多的参与者加入其中或者反向减少。虽然总体趋势并没有改变，发展速度却异常迅速。假设全世界的人都知道明天股市要涨停，很可能会倾其所有在今天买进，于是根本不用等到明天，额外的资金追捧使原本一个涨停变成了数个涨停。

【案例】枸杞是一种常见补品，有养肝、滋肾、明目的功效。按品质不同，价格从几十元到一两百元范围。2012年开始，市面上出现了一种黑枸杞，由于人们不了解，商家开始炒作其为“生命的软黄金”“抗癌的急先锋”，黑枸杞价格一路走高，从数百元上涨到几千元、上万元一斤。

在暴利的诱惑之下，终于发生了数千名外来者疯狂盗采事件。他们冲破草场围栏、放火烧毁守卫者帐篷，暴力阻挠执法。

随着市场热捧，众多实力企业纷纷进军黑枸杞产业，斥巨资打造黑枸杞规模种植基地，建设生产、加工、零售于一体的全产业链。此举还引发了数量庞大的农民跟风种植，在多个力量的合力推动下，黑枸杞种植规模呈爆发式增长。

黑枸杞究竟有没有那么神奇？2015年9月，数家电视台开展了调查，寻访了医药方面的专家，证实黑枸杞确实具有一定保健功效，不过并没有吹嘘的那么厉害。

人工种植的黑枸杞大量上市，而市场消费已逐渐趋于理性，市场价格不可避免地开始下跌，到2016年，黑枸杞的价格已经跌至行情高峰期的1/20，中间商抽身退出，而规模种植户亏损已成定局。部分农户干脆铲掉黑枸杞，开始种植需求更大、价格更稳定的红枸杞。

跟风炒作提前消耗市场需求，破坏了原有的市场周期，造成行情透支并早衰。但是，即便早就知道了最终的结果，大多数人仍然难以改变选择。炒作一方面使行情的顶点变得更高，另一方面加快了演化节奏，虽然并不知道这个结果到底会在什么时候发生，贪念和侥幸却促使人们前仆后继，让这条船不得不翻个底朝天。

“测不准”的原因之五：同质化逆转行情趋势，引发危机。

多样性保证生态的稳定，而同质化招致危机。股市上有句话叫“大家看好的往往不好”，其中包含两层最重要的含义：其一，只有赢家处于少数时才可能赚得足够多；其二，看法过度相同之时，也是风险最大之时。

【案例】为了迎接即将来临的高峰，“热门”景区做好了各种准备，但游客稀稀落落的现实让预案全无用武之地。经过多次拥堵排队之后，避开“热门”成为大多数人假日旅游的首选安排，于是“热门”遇冷。形成强烈反差的是过去的“冷门”开始爆热，总体的感觉是人们不约而同地换了一个地方去拥堵排队，让人啼笑皆非。

预测的一致性，使不同个体做出一致的应对行为。这些行为叠加在一起，产生足以逆转市场行情的巨大力量，使事情完全朝着与预期相反的方向发展。

变化幅度收窄，峰顶降低、谷底垫高，拐点提前来临，使不少人逃顶或抄底的希望破灭，身陷其中不能自拔。

成品油市场信息公开透明的特点，引发市场一致行为，行情趋势愈明朗，市场行动愈可能“一边倒”，趋利性导致市场参与各方都难以避免。涨价前供应方把仓库塞得满满当当，客户也为未来的需求早早下单。涨价预期兑现之日便是利好出尽之时，短暂旺销之后，需求急剧萎缩好像突然消失。一边是有价无市，而另一边是站台源源不断到来的油品，待卸的数量积压越来越多。此时，促销疏库成为唯一选择，行情见顶、价格下跌。

跌价的过程同样类似，“规避损失”的心理造成供应方库存短缺，而“需求真空”之后集中释放加剧供需紧张矛盾，行情见底、价格上涨，趋势发生逆转。

“大松之后必大紧，大紧之后必大松”表面描述的是资源状况，实际反映了行情变化规律，可称之为“逆向效应”。划船的人都有经验，船身两侧重量基本一致才能保持平稳，当重量集中在船舷一侧就有倾覆的危险。如果船上人预见到危险而一窝蜂涌向另一侧，那么船倾覆的方向正好与最初预期的结果相反。沙特核心油田遭无人机轰炸之后，国际原油价格经短暂暴涨之后加速下跌就是典型的“逆向翻船”案例。

对于广而周知的大概率事件，准确预判市场趋势就不能满足于快一拍，而应该快两拍。充分考虑市场变化的新特点，运用逆向思维，在特殊情况下反其道而行之，快速调整经营策略，抓住了就是机会，抓不住就是风险。引领市场抢占先机与跟随市场被动挨打的区别，或许就是这一拍之差。

所有的预测都不可能百分百准确，而只能分析判断事情发生的概率。即便是大概率发生的事情也不见得一定会发生，这好比抛一枚硬币，出现“字”或“花”（正面或反面）的几率各为50%。如果刚刚抛过一次硬币出现的是“字”，这对于即将抛出的这一次出现“字”或“花”的概率没有丝毫影响，除非抛硬币的次数足够多。因此，理性的经营者应当克制赌徒心理，抱定常态化经营理念，按照稳健性原则，采用科学的方法去分散和消解市场风险。

至此，可以得出这样一个结论：间接推断具有一定时间差异和不确定性，仅能作为参考依据，而不能作为决定性依据。具体到成品油市场的某个区域、某个阶段，决定其价格变化趋势的，仍然是也只能是市场供求状况。

14.3 “堰塞湖”现象

堰塞湖本意是指山崩、泥石流或熔岩堵塞河谷或河床，储水到一定程度所形成的湖泊。通常为地震、火山爆发等自然原因所造成，也有人为因素所造就出的堰塞湖。

2020年初，国际原油断崖式下跌并于4月20日历史性地跌为负值。这意味着买东西不仅白送，还倒给钱求带走。随着专业机构不断发出“国内成品油库存即将达到上限值”的预警，分销环节齐刷刷停止进货，比听到吹哨子还要齐整。形势太过明朗，油市价格雪崩就在眼前，谁也不愿意以身犯险，只要还能够勉强维持运转，就决不轻言进货。

由于市场担忧把成品油的流通途径死死堵住，下游断流价格高悬；上游资源聚集得不到宣泄，反差惊心动魄、崩溃一触即发。

另一方面，在长达两个多月的过程中，国际原油止跌反弹，慢慢地又回到了一个相对理性的价格区间。市场慢慢稳定下来，一场灾难就这样消弭于无形。

过度的一致行动、长时间的僵持，“逆向效应”在这两个前所未有的条件叠加作用下发挥到极致，就形成了“堰塞湖”现象。因为罕见，所以更值得研究。

14.4 价格圈层

作为生产资料和生活消费品，其价格主要由使用价值决定。换句话说，如果油价太高了，出行可以选择其他方式，工厂可以寻找替代燃料，其价格涨跌则主要由供求关系变化所引起。

在间接推断的情况下，成品油与原油的价格关系如下：若供求平衡，则市场价格服从于宏观变化，随涨随跌；若供过于求，则市场价格疲软，较宏观变化及周边市场反应迟钝，价格水平偏低；若供不应求，则成交活跃，价格快速上涨，其涨幅及速度领先于宏观变化。

供求关系分为市场需求和供应两个方面，市场需求相对稳定，能够影响和左右市场趋势的，主要还是供应形势，特别是市场主渠道到货及后续资源状况。

【案例】2004年9月23日上午10时许，西南地区最大的成品油库在卸油过程中突发闪爆险情，虽然险情在短短几分钟就被排除，但当日成品油市场价格应声上涨，最大幅度超过200元/吨，因为市场担忧供应受到影响。

由于数据取得不易或者效率不高，想要了解市场供求状况并据此判断行情趋势仍然具有相当难度，操作性不强。实际工作中通常仍然采用间接推断方式，通过观察周边市场来进行分析判断。

（1）资源中心。由于地缘关系，成品油价格形成以炼厂、油库等资源集散地为中心向四周逐级递增的级差，呈现出“近贱远贵”的分布态势，价差约等于合理运输费用。源头的任何变化第一时间在本地被反映出来，并逐渐向外波动蔓延。价格差异过大就会引发资源流动，启动市场自发的调节和平衡。高价格区域形成比较优势，吸引资源流入并平抑价格；低价格区域丧失优势，资源流出直到达成新的平衡。

周边市场价格影响与之类似，成品油批发商习惯参考地炼关注其价格变化，原因即在于此。实际上，未执行一省（市）统一价格的地区，其价区也是根据成品油运输距离来划分。

（2）信息前沿。沿海、沿江经济发达，对国际国内信息收集远比内地更加快捷、灵敏，其价格传导到内地的时间相差半个月至一个月，可以作为观察成品油价格变化趋势的风向标。

如果不同渠道的信息相互关联、相互佐证，则可靠性大幅上升，可以排除孤立信息造成的异常干扰。

批发商盈利来源主要包括两个部分：一是根据分销层级不同所获得的正常

价差；二是利用市场波动所获得的额外价差（也可能是损失）。有经验的批发商往往从第二种方式中获利更为丰厚。分销层级越靠前，所能获知的关于政策变化、原料涨跌、生产状况、运输过程、仓储条件产业链全环节信息更加及时和充分，称为“商业时差”，这也是产生庄家优势的主要原因。

14.5 准确的第六感

尽管测不准，却总有例外。当今正处于一个信息爆炸时代，每个人每天浮光掠影地可以接触到海量信息，这些信息来得太过容易，通常只会分散人们的注意力以及消磨人们的耐性。对于训练有素的人来说，虽然没有刻意关注，脑袋里面却如同安装了一个“鱼钩”，能够迅速地勾住有用的部分，然后在需要的时候随时进行调用。

关键小数据。通过大数据分析，很容易知道一个人白天经常去的地方是“单位”，晚上要回的是“住所”，由此可以判断这是一个有着稳定职业和家庭的正常人，然而这些内容并没有什么实质用处。大数据具有缺憾，左右趋势走向的，往往是“小众”“非主流”的异类，或者说“整体中的缺口”，称之为“关键小数据”。这些关键小数据代表事物个体特征，引导事件的发展、决定趋势的走向。这种没有被大多数人察觉的小概率事件，才是真正难得的市场机会。

乔布斯曾经认为3.5 寸是手机的黄金尺寸，制造更大的屏幕的想法简直愚蠢至极。若论单手操作，3.5寸确实更为合适，基本能做到大拇指无障碍全覆盖。但是每天愿意花几个小时在屏幕上面用双手操作的用户越来越多，这个小数据导致了三星Note系列面世的火爆，iPhone不得不放弃坚持多年的小屏幕战略，继而推出大屏幕的4.7寸以及5.5寸的Plus。

在国外畅销的车辆，引进之后未必受国内客户的欢迎。大数据无法分析客户的情感需求，所以某些经典的两厢车型引进国内以后被改变成怪异的三厢车或者具有中国特色的加长L型。从这个角度讲，小数据的实质是客户导向，在具体实施过程中，无非是个别定制和规模化定制的不同。

人们迷信“历史往往喜欢重演”，从而反复研究历史数据，以期找到市场变化的潜在规律，这样做确实大有裨益。问题在于，对于历史上从未出现的新问题和新情况，沿用过去的成功经验是否还能一如既往地奏效呢？

培养市场敏感性。于细微之处发现问题，感受市场脉络，反映了企业对市场的敏感程度。能否正确判断市场变化，越是准确说明敏感性越强；敏感度还反映在判断市场变化所需的时间长短，越是快速说明敏感性越强。

在看到某个消息、线索的时候，思考这些是否会对公司业务造成影响？对现实的和潜在的客户分别有何影响？对竞争对手是否造成影响？这些影响是直接的还是间接的？影响的时间有多长？影响的程度有多大？

保持敏感性，首先从建立信息池开始。定时收集自己需要的相关信息。关于哪些信息是有价值的，最简单的办法就是长时间坚持“做功课”，尽量获取海量数据，长期接触自然就会建立基本的认知。

其次，进行信息整理分类，将无用的信息删除。有些历史数据具有重要的参考意义，可以进行数据比对，不能简单地作为过时数据予以删除。思考并从碎片信息中快速找到业务关联，让这种好习惯长期坚持成为本能的条件反射。铃木敏文先生说要在脑子里置备几个“鱼钩”，每个人都在无意识地吸收自己感兴趣的信息，连一些别人漠不关心的细节也听得津津有味，而对另一些不关心的信息则没有特别的感觉。日本著名编剧与作词家秋元康也曾说：“新的企划案不是关在会议室里拍脑袋想出来的，而是源自与同事吃饭时的闲聊、会议间隙无心的交谈以及平凡生活中让人感到有趣的事，一些微不足道的小事往往能启发人获得新奇的创意。”

然后，对信息进行加工提炼，分析过去价格变化的原因，找出其逻辑关系，按照信息间的关联度，编排重构得出自己的独特见解。基于影响因素的复杂性，碎片信息加工最为考验经营者业务功底，也是建立市场敏感性的关键所在。换句话说，没有天生的行家，也没有永远的侥幸，市场敏感性就是职业生涯中养成的良好职业素养，平常的加倍努力才能换来关键时刻的举重若轻。

有时候，某些人看似缺乏理性思考，甚至在说不清楚预依据或信息来源的情况下，所做出的判断和决策却非常准确。这种超越常人的第六感，可以借用“阈下知觉”来解释，即信息刺激的强度不足以被直接感知，却能够引起本能的反应或直觉。这种敏感源自个人长期实践，只不过并没有通过书面形式去分析论证，看似侥幸，实则是基于数据并做出正确解读的概率赢家。

第15讲

无可避免的价格战

自从有了市场行为，就开始了商业竞争。例如，古时候“无商不尖”的说法，实际是为了吸引顾客而额外赠送的“添头”。尽管竞争手段不断翻新迭代，但价格竞争无疑是诸多方式之中最直接、最有效的手段。

越来越多的商家意识到：牺牲利润的低价并不可取。低价有助于迅速占领市场，却以降低原有的毛利水平为代价，尽管利润空间一降再降已经被压缩到不能承受的地步，竞争却丝毫没有弱化的迹象，甚至愈演愈烈。

在价格战的洪流中，理性的企业也很难置身事外，不得不卷入价格战的漩涡。

15.1 零售暴利的合理性

随着成品油市场供应趋于宽松，批发市场价格长期严重不到位，而加油站实际销售价格以指导价挂牌，造成零售市场的暴利现状。这种现象不能简单归结为成品油供过于求，零售市场资源同样过剩、竞争激烈，该解释显得过于笼统、缺乏说服力。

静观近几年成品油零售暴利的形成，影响因素主要有以下几个方面。

（1）**效率的提升**。由于生产的规模化、社会化，使原处于分销层次底层的中间商以及处于分销层次末端的零售商和终端大用户越过原有的分销层级，寻求更经济、更直接的采购渠道成为可能，导致原有的分销层级划分被打破；同时，生产厂商不得不寻求直接进入到终端环节，以拓宽销售渠道、稳定销售规模。中间环节的减少，一方面提升了交易的效率，另一方面节约了费用，而零售成为其中最大的受益者。

（2）**批发环节被压缩的利润空间**。成品油自资源中心形成的“近贱远贵”格局虽然没有改变，“级差”却被大幅度压缩。这使得来源相同，经由不同渠道的成品油出现价差，本地分销商被迫压缩利润空间，以贴近能够成交的市场主流价格，批零差价进一步扩大。

（3）**灰色利益**。成品油市场化改革进程中还存在一些监管盲点，产、供、销各环节衍生出一条巨大的灰色利益链，假冒伪劣、短斤少两、偷逃税收以及无证经营等不法行为加剧不公平竞争。近几年行业开始加强监管，从严整顿成品油经营秩序，情况已经有所好转。

（4）**地产升值**。地产升值是零售暴利的最根本原因，地产升值带动租金上涨，**经营利润必须足够偿付房租（地租），市场没法去区分哪些是存量加油站、哪些是增量加油站**。对于加油站业主来讲，如果自己经营获取的利润还不如收租，那一定会选择出租；而对于新进入的企业商家来说，必须依赖较高的进销差来实现投资回报或者支付租金并获取利润，否则无人投资，行业发展就会受到阻碍，进而造成新的不平衡。事实上，各地并不缺乏主动拆除加油站开发其他商业地产的案例。因此，**资产溢价形成了零售暴利的来源，从这个角度看高毛利就是合理的，只要地产不降温，零售暴利就有延续的理由。**

同时，商业价值反过来决定资产价值。用矿产作类比，矿产是不是值钱不在于投入多少，而在于产出多少，即盈利能力。成品油巨大的批零差引起社会关注的同时，也让资本趋之若鹜，生产商、批发商纷纷进入零售终端。炒作因素促使加油站资产进一步升值，各地竞拍天价频出。

过去的经验让大家乐于相信加油站资产保值和升值的能力，新能源替代暂时还不能构成威胁，对未来十年甚至二十年的市场判断，乐观情绪仍然占据行业主流。与城市的发展、公路里程的延伸以及汽车保有量的增加相比较，业内感觉每年新规划、新审批、新建成的加油站网点仍然较少，不相匹配。据相关资料显示，2004~2013年期间，加油站数量不增反降，由98500座下降至96846座，据博思数据发布的《2017~2022年中国加油站市场监测及投资前景研究报告》，2011~2015年期间，全国加油站净增3157座达到98595座，但是加油站分布密度呈现下滑态势，已由2001年的5.7座/百公里降到2015年底的2.15座/百公里。网点配套的滞后和分布的“冷热不均”，使加油站网点变成某种稀缺资源被哄抢。**只有能变现产生高额利润的，才能称之为稀缺资源。**

15.2 利润再分配

大家知道，任何时候暴利都不可能长期持续。如果上述零售暴利持续合理性成立，这个矛盾又如何解决呢？事实上，其中包含了一个利润再分配过程。

其中少部分用于员工激励。为了争取更多的客户、获取更大的利益，业主增加提成标准、提高员工待遇，让员工分享经营红利。

一部分用于再投入。更多的业主从利润中拿出来一部分，用于增加服务设施、升级硬件、改善形象。近几年加油站内免费洗车以及其他服务项目越来越多，很多加油站更换更加先进的设备设施，甚至不乏直接推倒重建者。

一部分用于直接回馈客户。对于市场新入者，低价可以助力快速抢占市场；对于存量业者，这种暴利源于资产升值溢价，天然具备“级差”优势，使业主抑制不住降价的冲动。

资本逐利，各行业利润率必须保持相对均衡，否则就会引起资本跨行业流动。既然零售暴利还将持续，就只能通过市场调节来解决矛盾，实现行业间的再平衡。

从某种角度讲，暴利就是高悬于山顶的石头，看起来纹丝不动，但内部蕴含的“势能”早晚会变成向下俯冲的能量。这是价格战的内在动力和无法避免的根本原因，也是市场再分配的必然结果。

第16讲

营销矩阵

营销通常以“活动”的形式开展，如企业活动营销，包括推介会、发布会以及促销活动等；城市活动营销，如发起或赞助各种赛事、论坛等；媒体活动营销，如各种选秀节目；非营销活动，如各种慈善、公益活动。为了迎合客户，企业不断翻新营销花样，尝试不同的方法和策略，涉及产品、价格、渠道、促销、公关等各个方面，市场上常见的营销策略就有数十种之多，而且还在不断诞生新的模式。

作为一个经市场检验有效的策略，通常是由多个维度进行的立体组合，即营销矩阵。所谓阵，本意是指两军交战时的战斗队形，商战的竞争布局就是竞争矩阵，不同的价格策略之间、价格策略与非价格手段之间，如价格优惠与附加服务、价格优惠与实物赠品都构成营销矩阵。

16.1 批零联动

作为成品油营销的两种方式，批发和零售针对不同的客户对象，其定价策略相互影响，批发价格越低，零售市场可投入的营销资源越多，就会加剧零售市场竞争；反之亦然。价格在市场之间传导具有一定的杠杆性，运用批零联动的价格策略对市场的影响远远大于单一策略所能带来的效果。

批零双低策略。进入新市场、新区域，为了获得更多的市场话语权，或者形成市场印象，或者改变市场认知，可以采用低价策略，批发、零售全渠道经营的油企，可以采用批零双低组合策略。2012年，京东开打“史上最惨烈价格战”，以当年巨亏17亿元获得“京东商品就是实惠”的客户认知。至2016年，京东顺利实现营业额超越苏宁和国美的总和，稳坐中国电商平台第二。

批零双低的价格策略一般用于战略威慑，达成营销目标后需要迅速调整策略，否则引起反噬则效果大打折扣，而且容易恶化竞争环境，招致不必要的围攻。

2018年9月，GULF海湾石油在国内的首个加油站亮相广州，以每升超过2元钱的优惠幅度成功刷屏，海湾石油市场部经理说：“超低油价其实是加油站自身推出的开业促销，为期3天，为的是增加大家对海湾石油这个品牌的认知度和关注度。”很显然，不只是广州，现在连全国的司机朋友都知道“海湾石油”。这个案例巧妙地利用了市场对新的外资加油站进入中国市场的关注度以及前所未有的优惠力度进行组合，形成独特的营销矩阵。

批发低价+零售高价策略。当零售市场具有极高的“势能”需要释放时，价格战就难以避免，保持零售高价势必造成零售市场份额下降。因此，这种价格策略组合不甚明智，企业很少主动选择这种方法，通常是在市场不景气时的被动选择。通过零售保效、批发保量，批发环节损失的效益从零售环节获得补偿，零售环节损失的销量部分转移到批发，这种方法也叫“以批代零”。

换一个角度思考，成品油资源供过于求的格局在今后较长时期内都不会发生根本性改变，客户可选择的购买渠道越来越广、议价能力越来越强，主营面临批发和零售市场双双失控的情况，如何改变这种被动局面呢？

按照此价格组合策略：第一步，封锁渠道。如果降低批发价格，使社会批发商及加油站更加有利可图，则可能让他们舍弃其他渠道，转而就近购买。互联网企业“烧钱”进入市场，其目的一方面是获得市场优势地位，另一方面则是趁机洗牌，将一部分实力不济的参与者淘汰出局；第二步，整合资源。采用收购、包销、联营、合作等多种方式提高资源的控制能力。当市场主动权再次回到手中，再逐步提高批发价格，实现批发环节盈利。实际操作中，由于实施过程漫长，需要动用的营销资源巨大，很难作为长期战略，更适合用作战略威慑。

批发高价+零售低价策略。衡量一个加油站的商业价值，主要考虑销量和毛利两方面的因素，前者由口岸决定，后者由批零差价决定。批发高价+零售低价的策略，相当于直接压低了零售的毛利空间，削减了加油站的商业价值。对于市场控制力较强又有发展意愿的石油企业，可以降低项目价值预期，为网络发展铺平道路。零售环节损失的效益，部分从批发高价中得到补偿，批发环节损失的销量从零售环节部分得以弥补，这种方法也叫“以零代批”。

在成品油供应紧张的特殊时期曾出现过批零倒挂的特殊现象，这个过程中，零售市场无利可图，营销者对经营预期持悲观态度，转让加油站的意愿强烈，且转让价格相对较低。

【案例】2007年4季度至2008年上半年，成品油资源持续紧张，市场批发价格高企、批零倒挂，加油站零售无利可图。某省主营单位通过协调发改委，争取到高进高出的顺价政策，短期内确实扭转了加油站零售亏损的局面。

这一政策也让濒临倒闭的对手们缓过气来，以至于错失网络发展的最佳时机。数年之后，成品油供求格局转变为总体宽松，民营加油站大幅降价促销，利用各种促销方式加剧不公平竞争，使主营陷入被动局面，系统内竟然用“沦陷”形容该区域形势之糟糕。

批零双高策略。如果把低价策略当作进攻姿态，则维持高价就是防御姿态，采用批零双高价格策略的，只能是市场领导者。当企业已经在竞争中获得优势地位，市场格局已经明朗，享受胜利果实是最明智的选择。

竞争以取得相对优势为前提，多数时候市场竞争打的是心理战，“先胜而后战”，只需拉开架势、摆出姿态便已足够。如果把“低价”作为长期战略，就必须具有亏损的实力和勇气，当企业感觉寒冬将至，对手也在苦苦坚持，下一刻或许就会迎来转机。

16.2 统筹兼顾

经营以创效为目的，既要将价格维持在成本线之上，又要确保一定的销量规模，力求量与价获得最佳匹配。经过几轮残酷的价格战之后，大家越来越认可：牺牲利润的低价并不可取，仅仅采用单一的价格手段也很难满足客户的差异化需求。特别是，普惠式营销不仅成本高昂，而且很容易遭遇对手阻击，丧失相对优势。

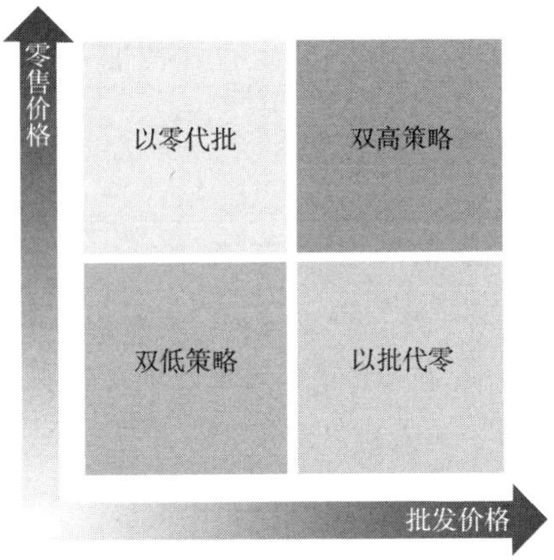

图3

上述批零联动策略从批发和零售两个方面分别采取措施，构成了批零联动矩阵（如图3），这与市场细分的方法类似，不同的标准划分出不同的子市场，通常从两个及以上维度去观察分析，构成矩阵。

以某高速公路服务区加油站促销为例，因为采用柴油大幅度直降挂牌价的方式，现场等候加油的货车一直排到服务区进口。仅就单站销量来说，降价促销效果非常明显，只是存在三个问题：其一是排队货车影响小车进站，汽油销量急剧萎缩，说明现场组织存在问题；其二是同路线未降价站点柴油销量大幅下降，而这些站点同属一家石油公司，柴油增量可能大部分来自内部转移；其三是毗邻的竞争对手同幅度跟进，也吸引了众多的加油车辆。如果整体算账，该区域柴油销量并没有明显增量，而汽油却实实在在损失了部分销量，营销活动是否真的成功尚值得商榷。

如果要完善这个活动，可以把降价的主力站点后移，毗邻竞争对手的站点只作象征性应对，称之为“隔山炮”，后文将要介绍的连片、连线也是一种矩阵。在一个区域内，各站点在时间、路线、方式等各方面进行组合，满足客户差异化需求。

闹柴油荒的时候，能够供应柴油的加油站排队加油，表面上看起来很热闹。而不能供应柴油的站点把营销资源集中到汽油上，趁机争取汽油客户。从总体上看，后者销售数量确实有所下降，但由于汽油批零差价更大，所获得的利益反而超过前者。这种避开正面竞争的方式，通过不同品种展开错位竞争，也形成一种营销矩阵，可称之为“拐脚马”。

直降挂牌价格针对所有客户，属于普惠式营销策略，以吸引客户进站为目的。而同样是现金优惠，满额返现和满额返抵扣券作用大不相同，前者仅仅是优惠，后者以拉动复购为目的；通过后台分级别调整加油IC卡优惠幅度，只针对持卡会员，不同级别会员政策有所差别。营运车驾驶员通常持有各家石油公司发行的IC卡，实际加油时，仍然会考虑价格、服务等各种因素。

车主可能喜欢直接降价，而职业司机更偏好赠品，营销策略必须统筹兼顾，并且保持动态连续，在充分研究市场的基础上，借助不同的营销手段，满足客户的差异化需求。

16.3 “菜单式”营销

价格竞争所采取的具体方式不同，耗费的营销资源不同，取得的营销效果也完全不一样。企业都会算投入产出账，所谓“不惜代价”只是战略威慑，营销资源有限，使用时必须精打细算。

不论是主动发起还是被动应对，普惠式全面降价或单一降价的方式逐渐被取代，特别是随着CRM系统、微营销等方式在企业内的推广运用，促销方式越来越多样化、精细化，“菜单式”营销就是提前梳理好各种营销策略，明确使用范围，以提高市场应变效率。

第一类：点对点竞争。

所谓点，不一定是单个站，而是最小单元，根据站点所处的位置，有可能是一对一，也可能是一对多或多对一，等等。这种方式类似于狙击，核心是控制范围力求精准，避免扩大化。

在工作中运用最多的方式，按优先级次依序为：一站多价、限时优惠、挂牌直降。

一站多价是在同一加油站内，根据客户加油量按梯次设置优惠幅度，刺激客户尽可能多加油。如果价格控制系统不能对应到具体加油机位和枪号，操作性就大为降低。

限时优惠是有时间条件限制的挂牌直降。根据营销目的主要分为增峰、错峰以及填谷三种。如果高峰时段客流不饱和，可以顺势而为进行引流；如果高峰时段现场过于拥堵，则促销活动应错开高峰，均衡客流；填谷是在淡季或销售低谷时段优惠促销，逆势而为。例如，有地方政府曾发文鼓励加油站开展夜间优惠，以均衡车流，缓解高峰期拥堵。

为减少普惠式降价所付出的代价，避免引发恶性价格竞争，限时优惠是较好的折中选择。限时优惠的时间目的性较强，高峰期优惠带有饥饿营销的基因，错峰优惠是属于主动引导客户进行消费延迟，多是因为自身原因不能满足客户需求而做的弥补和挽回。

限时优惠事前一定要明确目的，选择合适的方式进行有的放矢才能达到长远效果。如中心城区在高峰时段销量已经饱和的状况下，采用增峰优惠既没有足够的增量空间，长时间排队也影响客户体验，容易引发客户抱怨。

挂牌直降是大家最熟悉的传统方式，其特点是对所有持卡、现金客户，包括固定、路过型客户无条件、无差别优惠。挂牌直降是对既有和潜在客户最积极、最直接的拉拢手段，也是最简单、最有效但成本最高的方式。在激烈的竞争过程中，大幅度挂牌直降往往是一种战术胁迫，企图从心理上击垮对手，但现实中往往很难达成目标，需要慎用。

第二类：周期性促销。

就是通过引导，使目标客户的消费周期与加油站的促销周期进行重合，形成条件反射，培养客户消费惯性。虽然不是长期促销，却由于促销周期与客户消费周期基本吻合，两个周期同频共振，其效果等同于长期促销。

周期性促销改变了日日促销的感受疲劳，既能最大限度地保证客户忠诚，又能降低促销成本，实现以小博大的目的。

周期性促销首先要确定促销周期，使促销周期契合客户消费周期，间隔不宜太长，周或旬最为合适，便于客户记忆并传播；其次是确定促销方式，周期性促销力度一般要大于常规方式，易于客户接受。在活动长期持续过程中，为了防止营销疲劳以及竞争对手掌握规律而采取反制措施，促销方式可以采用1+组合，“1”是应保持长期不变的活动核心，如一定幅度的价格优惠。“+”则是变动的，既可以应季、也可以应景，根据竞争态势灵活调整，例如赠品、赠券、返现或者直接再叠加一个价格优惠幅度；第三是周期嵌套，例如以“周”“旬”或“月”为周期的活动嵌套，当周期重叠时活动的力度也产生叠加效应。周期嵌套要避免过于复杂，可以麻痹竞争对手，却不能让客户感觉麻烦。

有一种特殊的周期，跟成品油价格调整周期同步，可称之为调价日福利，即在调价窗口日开展的提前降价或延迟涨价活动。

“汽油车对价格不敏感”的看法并不包括所有车主，注意观察会发现，每次涨价前排队加油的车很多，虽然涨价幅度对应到加满一箱油并没有太多金额，规避损失的心理让相当数量的车主会选择在涨价加油，宁愿排队也要加满。调价周期为客户的消费敏感期，客户对可能遭受损失的敏感度远远大于可能占到的便宜，换句话说：同等程度的焦虑感带来的感受会远远大于同等程度的愉悦感。

【案例】某市公司抽取数座站点分析，正常情况日均提枪数2481次，销量80495升。其中，涨价前一日提枪次数3835次，销量105251升，提枪率增加55%，销量增幅31%。个别加油站现场排队拥堵，造成客户等待时间较长而流失；降价预期阶段销量明显下滑，客户等待降价后加油心理较强。特别是高速公路柴油车，等候在午夜12点降价以后集中加油，积压排队现象明显。

汽油客户尚且如此，柴油客户涨价前集中消费与降价前抑制消费情况更加普遍，特别是在高速等站点，客户排队抢在涨价前加油和等待降价后加油的情况非常常见。为改变这种情况，涨价时延后到次日交班时调价，降价时提前至当晚交接班时，数小时的时间差，所创造的销售机会却不可估量。

即便不做任何干预，因为提前获知价格变动信息，客户行为已经造成消费前移或后转的实质效果，即：涨价前排队抢购，降价前持币观望。“调价日福利”活动化被动为主动，利用时间差营造商机，以实际行动赢得诚信经营的美誉，抓住短短几个小时，改善客户消费体验，易于为客户认同。具体执行时，可灵活运用宣传话术，如“涨价了！如果您错过加油，我们这里还有机会！”或“油价要降了？无须等待，我们已经提前就位！”

会员日尊享。即选择特定日期为会员回馈日，活动当日对会员客户予以各种方式的回馈返利，其实质也是一种周期性促销，但对象范围更为精准。活动日对持卡消费客户予以各种方式的回馈返利，既促进重复购买，也营造氛围吸引非会员客户转化为会员客户。

会员日一旦确定，应视同节日长期开展。具体应用时，可结合微信推广选择具体时日作为会员日，活动的力度应配合频率，同时评估活动效果，间隔时间短的活动力度较小，间隔时间长的活动力度较大。

周期性会员日。实际是宣传日、召唤日，是促进客户重复购买的常规手段。会员制营销通常会涉及积分，具体使用时可采用积量、积金额、积次等多种方式，客户重复购买累计的量、消费金额或次数越多，所能获得的回馈越丰厚。

第三类：一户一策。

就是按照客户需求并结合市场实际，采用一事一议的原则，为客户量身定制的价格策略。这种方式避免了普惠撒网式的盲目营销，一对一精准锁定客户，提高其忠诚度。一户一策营销措施使用优先级次依序为：高等级IC卡、充值折扣、灌桶专价、代存代付。

高等级卡。即按照事前协商确定的幅度，为客户单独制发高于一般优惠幅度的IC卡。例如，中国石化与中交兴路重磅推出的柴油联名卡，是集大幅优惠、授信为一体的特殊高等级卡（首期仅发行个人及企业单用户卡）。

高等级卡有利于积极应对激烈竞争，扭转柴油市场营销的被动局面，适合批零差价较大的市场情况。老客户如有销量下降或流失迹象，可主动为其升级以达到稳定客户的目的；新开发的客户，可按其预估用量先申请相应的优惠级别，后期根据实际用量跟踪维护，进行升降级动态调整，以达到宽进严出、促成合作的目的。

充值折扣。这是一种隐蔽性较强的优惠方式，针对不同客户类型及喜好，将IC卡拆分为事前折扣与消费积分相组合，用叠加优惠的方式吸引客户。

灌桶专价。即对单次购买量介于零售和批发之间的小规模终端客户，运用以零代批理念，灵活制定零售与批发的中间价，专门针对加油站周边的小工地、小矿山、小砂场，他们单次用油量一般在几百公斤，最多不超过两三吨。通过对加油机或加油枪单独设定价格，实现以站代库、油库前移，精准锁定同类型目标客户，用最小成本达到最优竞争效果。

代存代付。即客户于油库购买油品后寄存于站点，缴纳一定服务费后分次加油实现库发站出，以批发的价格享受零售服务。代存代付并非严格意义的零售，而是批发业务的延伸，主要针对单次购买量超过一定标准的批量采购大户，这类客户价格敏感度极高，多数为原小额配送、直销客户。一般自备油罐、安装加油机，配备管理人员，享受批发配送价格。定价原则为批发当期价格+库到站配送费+服务费。其中：直分销当期价格按阶梯定价、差异化作价原则及标准确定，库到站配送费按系统内库到站实际结算金额确定，服务费原则上不低于300元/吨。这类业务以解决客户资质、设备投资及日常维护、人员、油品储发管理、安全环保等问题为谈判切入点。强调以批发的价格享受零售的便捷、服务。代保管时间原则上不超过两个自然月，若需超过应事前明确，并加收服务费。代存代付以提高小额配送质量、营造现场氛围、提高客户忠诚度为目标，虽非严格意义的零售量，却是开发客户、转化客户的利器。

有些客户介于批发和零售之间，随着资源形势和价格变化而选择不同的方式，企业无须纠结其具体分类，而应按照市场细分的原则，分别在批发和零售两个市场中设置好对应的策略，把客户牢牢锁定在企业市场范围之内，就达到了营销目的。

第17讲

低价陷阱

关于“ofo小黄车”遭遇押金挤兑风波濒临倒闭的原因，据说早在校园运行阶段，有人就曾对其成本进行过估算，ofo单车每天的折旧和营运成本超过3元钱，而租金收入不足2.5元，得出其租金不足以弥补成本支出的结论，市场扩张处于投一辆赔一辆、铺得越快赔得越多的尴尬境地，终于资金链断裂遭遇挤兑。

长期供不应求使整个成品油行业营销意识不足、手段匮乏，过度依赖单一的价格手段。已经有越来越多的商家认可这种观点：比倒闭潮更可怕的是低价竞争。低价竞争的结果往往是饿死同行、累死自己、坑死消费者，但低价确实是提升销售业绩最直接有效的手段，使执行者很难抑制降价的冲动。

17.1 产生营销惰性

随着需求的分化，千篇一律的价格促销开始引起审美疲劳，精明的消费者在产品降级以后并不急于购买，因为他们知道：随着时间的推移，商家的促销力度还会进一步加强。降价促销就像一剂兴奋剂，企业产生的依赖性越来越强，而作用的时间越来越短、效果越来越差，只有不断地加大剂量、提高频率来短暂维持。

摆脱价格依赖的过程非常痛苦，需要放弃最熟悉、简单易行的方式，可能遭遇业绩下滑、客户流失等困境，经历无所适从的短期迷茫，最重要的是克服营销惰性，调整思路和方法，逐步形成新的营销个性。

降价≠促销。销售促进（Sales Promotion，简称SP）是为了使产品能够更快地进入市场和扩大市场份额，采用让步、诱导和赠送的办法对产品施加推力，通过让渡利益而产生强烈的刺激作用，迅速引起客户关注，显示出邀请客户前来与之交易的倾向。显然，降价只是促销手段之中的一种具体形式。除此之外，还有交付方式（如提前交付、送货上门等）、结算方式（如分期免息、票据支付等）以及赠送额外的赠品、售后服务（如延保）或参加某些活动（如抽奖）等多种多样的促销方式。

促销≠营销。营销的范畴远远大于促销，以饥饿营销为例，故意制造产品短缺气氛刺激客户购买冲动，最大限度地剥夺客户理性思考的机会。因此，营销是价值创造、传播和传递的过程，涉及商品、服务，包括客户关系管理在内的一系列职能。促销的方式通常比较强烈，迅速引发市场反应，但是，它的影响常常是短期的。可以说，促销只解决眼前的问题，并不关心将来的发展，既不能培养客户的消费惯性，也不能形成客户长期的品牌偏好。

营销惰性的形成来自两个方面，其一是成功带来的懈怠，其二是营销知识匮乏或偏见造成的墨守成规。克服营销惰性，首先是解放思想，清楚地认识营销环境的变化，主动接受这种变化。过去行之有效的办法慢慢变得不适应形势的发展，市场需求催生新的营销诉求，只有持续创新才能保证销量持续增长；其次是能够经受失败的考验，营销方式日益多样化，并不是所有的创意都能经受住市场的检验，成功的模式建立在反复尝试的基础上，以不断失败为代价。影响营销的因素过于复杂，除了产品、价格、渠道、促销以及关系之外，经济运行状况、季节性变化以及市场流行风向等因素都会对营销效果产生巨大影响，使营销具有较大的不确定性；第三是重视运营。基础工作涉及的环节和内容繁复，需要花费较多的时间，对营销的影响见效慢，不能马上增加客流，带来现实的销量，需要循序渐进并持之以恒。

依赖价格手段建立的客户忠诚度浮于表面，当促销活动结束，这些客户就会转向有激励或有更多激励的公司；当客户对价格的敏感度下降，转换品牌的意识就开始苏醒，只是因为惰性迟迟没有行动或是因为一些客观原因暂时无法完成转换。“一招鲜”不能“吃遍天”，不断营造兴奋点创新营销方法，才能维持客户忠诚。

培养客户惰性，企业自身就不能具有营销惰性，否则客户流失在所难免。

17.2　加剧逆向淘汰

低价竞争让消费者受益？未必。

价格竞争的实质是成本竞争，唯有成本和费用低于市场平均水平才能真正居于竞争优势地位。低价竞争迫使企业压缩人员、降低服务水平，节省本该用于改善消费环境、提升商品和服务质量的开支，减缓市场多样化进程。当低价竞争已经达到不能维持企业生存所必需的利润时，不择手段的投机取巧行为逐渐展露“优势”，以次充好、短斤少两或者偷逃税费，高价值的商品被低价值的商品排挤出流通领域，诚信务实的经营者反而难以生存。

低价竞争诱发市场不公平竞争。与达尔文“优胜劣汰”的自然法则相反，经济领域“劣币驱逐良币”大行其道，以价格为标尺的简单行为导致市场逆向选择，投机取巧的行为被模仿、扩散、蔓延，加剧行业逆向淘汰。

成品油“自流黑”是自建油罐、流动加油车、黑加油点等非法经营成品油行为的简称，这些非法渠道销售的油品品质低劣，容易造成发动机积炭、堵塞燃油系统，导致发动机故障，根本不考虑环保问题，存在重大的安全隐患。由于低投入、高产出，形成了暴利产业链，扰乱了成品油市场经营秩序，严重破坏营商环境。正规加油站只要周边存在黑加油点的，销量不同程度都会受到影响。

【案例】尼日利亚石油储量位居世界第十，这里的石油资源不仅丰富还很

纯净，只需要进行高温持续加热6小时，就能通过冷却蒸气得到可以直接使用的汽油。由于炼油方式简单而高效，非法炼油厂、售油点遍布全国，而正规的加油站无人问津。

然而，每年都会有人疏忽大意而葬身火海。这条黑色产业链带来的不仅是收入，也造成了不可挽回的灾难，因为这些人的不当选择推波助澜，亲手将这片富饶之地变成了人间地狱。非法炼油厂将废油直接倒入河中，石油公司的原油每年泄漏数十吨，导致三角洲地区的河流受到严重污染，植物中毒枯萎，河里的鱼群也死亡殆尽。

当初石油公司入驻的时候村民夹道欢迎，以为苦日子终于要到头了。仅仅过了50年，水源受到污染，这一地区人的平均寿命已经下降到40岁。多数村庄不得不举村搬迁，留下的人还在跟各种癌症抗争，曾经有多辉煌，现在就有多绝望。

低价竞争造成"低价低质"的客户认知。低价市场充斥着众多的假冒伪劣和山寨产品，就连正经商家也常常采用低价出清尾货、临期或者具有瑕疵的商品。成品油市场之中，价格敏感度极高的柴油车司机并非不关注质量，只是侥幸心理一时占据了上风。消费者对低价的追逐，成为培养制假售假的沃土，为假冒伪劣大开方便之门，形成一条灰色利益链。网络上常见的"哈娃娃"矿泉水、"康帅傅"方便面、"周住牌"洗衣粉，在大城市难觅踪影，它们的生存空间主要还是经济欠发达的农村市场。

"吉利"汽车自1997年进入家用轿车市场，最初的市场定位是"造老百姓买得起的车"。然而，超低的价格固然让汽车由"贵族化"走向"平民化"，设计短板和做工粗糙却形成了低价低质的市场印象，只能通过子品牌以及收购知名品牌进行品牌提升；同样以低价开疆拓土的"小米"，当年正是"草根"的精准定位收获了一众粉丝，但"性价比"的名声也为"小米"进军中高端市场带来困惑和阻碍；"拼多多"因为填补了消费能力不足的市场空缺而迅速崛起，同时也被贴上了"山寨"和"劣质"的标签，主流客户群体集中于三四线以下城市及农村市场。所谓"物美价廉"背后一定隐藏着不为人知的"秘密"，甚至暗藏黑幕和陷阱。

一是商品本身存在差异。表面上看起来差不多的东西，总有些尚未发现的内在差别，或者是在不容易发现的地方存在偷工减料。例如，某些商品有专供电商渠道销售的版本，在材质、配置、功能以及质保等方面与实体店有所差异。

二是低价之后潜藏着隐形成本。如果某种商品没有问题而售价低于合理的范围，那么可能需要消费者以牺牲选择权、花费额外的时间为隐形成本。例如，"限时秒杀"需要消费者增加关注度，花费额外的时间；以"好评""晒圈"为条件的打折，实质是以消费者个人信用为商品和服务背书；"帮忙砍价"形式的优惠，则是以泄露好友的个人信息为代价。

三是以体验推广为目的。企业初入市场，通过阶段性让利笼络客户，为下一步营销做铺垫，优惠的实质是部分替代市场推广费，消费者需要以"了解和体验商品"为对价进行交换。

提高品质需要巨大的投入和长时间的积淀，高价未必优质，而低价大概率只能购买低品质的商品，"物有所值"才符合商业价值的正常逻辑。

因此，房产商宁愿以赠送面积等隐形让价方式维持其高价、高质的形象，即使大家知道标价虚高，仍然能够带来尊荣感，满足骨子里的虚荣心。除了清理尾盘可能会采用到低价促销，在售楼的过程中，倘若市场行情走低，房产商通常会采用赠装修、家具等方式补偿价差。这样一来，既可以安抚早前已经购买的客户，还能让潜在客户感觉价格坚挺。

价格战经常发生在高度同质化的行业，是市场经济中最基本的竞争形式，可以使消费者受益、使企业提升管理水平，当企业在价格战中无利可图时，会将竞争焦点转移至品牌竞争、质量竞争、服务竞争，通过技术进步、模式升级促进整个行业变革。但是，以牺牲利润为前提的价格竞争是一把双刃剑，会大大降低企业的创新意识，导致行业后劲不足、病态发展。长此以往，受伤害的还是企业、市场和消费者本身。

17.3 量效平衡模型

在激烈的市场竞争环境下，企业想要完全规避价格竞争几乎不可能，虽然可供企业选择的营销策略多种多样，但是价格的作用仍不可忽视，价格竞争的环境没有消失，价格策略仍然是企业手握的一张竞争王牌。

为了量力而行，避免恶性价格竞争，需要关注投入资源与获得成果是否同比增加，减少和避免无效投入。必须采用低价策略时，底线是什么？可以参考毛利总额不降的量效平衡演算模型，让复杂问题简单化。

设销量为a，吨油毛利（销价－进价）为b，增量幅度为x，降价幅度y=降价额度÷（销价－进价），则价格竞争必须实现降价后的毛利收入≥降价前的毛利收入，即$a(1+x)\times b(1-y)\geqslant ab$，则：

$(1+x)\times(1-y)\geqslant 1$

$(1+x)\geqslant 1\div(1-y)$

$x\geqslant y\div(1-y)$

结论：只有当增量幅度x≥降价幅度y÷（1－降价幅度y）时，降价后的毛利收入才不下降，x增幅也是降价优惠所必须实现的最低目标。

例：某加油站经营0号柴油，购进成本5660元/吨，零售销价6480元/吨，现通过降价240元/吨（0.2元/升），目标增幅最低应该达到多少？

解：$y=240\div(6480-5660)=29.3\%$

$x=y\div(1-y)=29.3\%\div(1-29.3\%)=41.4\%$

即：在当前毛利水平下，降价0.2元/升，加油站销量增幅需最少应达到41.4%，否则量增效减，属于无效措施。

应用这种测算方法时主要会有来自两方面的局限：一是取得相对价格优势的站点对客户产生“虹吸效应”，但这些客户究竟是来自于新增客户，还是仅仅由于客户在连锁经营的不同网点之间发生了内部转移？

衡量这个问题的标准应当从整体的角度进行观察：如果实现了整体提升，则说明策略有效；如果情况并非如此，则策略有失偏颇，只带来个别或局部区域表面繁荣，如只对会员客户实施的策略，没有实现新增会员，则策略失败。

所谓整体，必须具有直接的关联，要么在辐射半径以内，通常以不超过3公里为限；要么是流向主线，不能随意扩大评估范围。

为了发挥价格手段的最大威力，连片连线管理应运而生。所谓连片连线就是根据站点所处的位置、距离，科学评估其关联性、影响度，打破单站经营管理的壁垒，连点成片或连点成线，统筹人员分工、排班、营业时间安排，在营销上放大各自特点并进行优势互补，充分利用并共享营销资源，合力开拓市场稳定客户。

（1）连片管理。即对区域性市场中的全部或部分关联度较高的站点实行打包，统筹经营管理各种要素，由管理团队统一算账、整体运作。适用于同一区域（含城镇、区县）具有多个站点，其市场覆盖既有重叠交叉，又具有互补性。

连片区域内的站点分而不断，各自发挥功能。首先在人员安排上实现统筹，管理人员兼顾内外分工，既外出开拓走访客户，又兼顾内部管理不下降。员工在排班模式上也打破单站概念，实现站间轮换调剂；在营销资源上实现共享。单站的营销活动和服务内容做不到面面俱到，连片整体则基本涵盖并满足各种需求。在活动内容和时间上衔接互补，满足不同客户需求。各站点不仅要宣传自己的活动内容，还要宣传其他站点不同的营销方式，主动引导并锁定客户；实现整体算账、利益共享。立足于整体增量增收，有效消除站点之间的内耗。

（2）连线管理。即连片运作方式在线性市场中的变形运用。由于连线管理的跨度更大，应注意管理团队的搭配，即连线管理团队既要做好团队作战的分工协作，又要具备单兵独立作战的能力，人员相对固定。管理团队应避免长期驻守某一站点，实行定期轮换、首尾兼顾。连线管理主要根据车流动线，可以打破行政区划，根据实际情况灵活安排，在车辆主要行经途径中安排不同的营销组合，逐步形成各站经营特色，吸引并锁定客户。

（3）“1+1”双连管理。即综合参考并采用连片、连线运作模式的优点，主要针对高速服务区站点的特点，在营销活动安排上以连线为主，在人员安排上以连片（对站）为主。“1+1”的“1”不是某一站点，而是高速公路同一侧全部或部分关联性较强的站点，单侧站点连线运作，再将两侧“+”在一起连片管理。

双连模式与连片、连线管理既相似又有区别，既关联又具有相对独立性，上级管理部门应加强引导干预，确保模式运行顺畅。双连模式两侧人员应定期对换，以保证相对公平。实际上，这也是竞争矩阵的具体运用。

除整体提升的评价方式之外，还需补充说明一点。低价抢占市场必须以竞争对手不跟进为前提，获得相对价格优势，但现实中很难持续，所以增量主要来自对手尚未跟进的前期。对于跟随型降价，如果销量已经受到损失，那么必须遏制这种趋势继续恶化，帮助销量恢复价格战之前的水平；如果跟进及时，首要目标是维持客户不流失。

如果不理会对手发动的价格战，销量可能减少到什么程度？理性地评估并得出这个数据，应用上述模型测算的基数相应下调，此时“增量”的目标底限就是维持价格不变可能流失的量。

例如，A站某品号油品日均销量5吨，拟主动降价0.5元/升（降价幅度=50%），营销活动目标拟实现销量翻番，即达到10吨。应对竞争的B站，该品号油品原日均销量10吨，如维持原价不降，预计销量损失高达50%，即由10吨萎缩到5吨。问题是，B站的进销差仅为A站的80%，可投入的资源明显不足。此时B站：

选择一：完全跟进对手，降价0.5元/升。则降价幅度达到62.5%，增幅需达到166.67%才能保证量效平衡，即日均销量目标为13.3吨。

选择二：跟进降价0.4元/升，即降价幅度50%，此时需要实现销量翻番，维持原销量水平不降，即日均目标销量仍为10吨。

在参与竞争之前已经损失的销量，很难通过后期努力弥补回来，参与竞争必须果断迅速，而评估价格手段是否有效，两利相权取其重、两害相权取其轻，不能简单以销量是否增加来衡量，必须承认降价不一定增量，否则营销活动评估会有失偏颇。经过努力却得不到客观评价，损伤员工激情后果更加严重。

沃尔玛一直把低价视为追求目标，并以低价起步获取竞争优势。创始人山姆·沃尔顿为了打造低价印象，总是把商品以更低的价格出售给客户。但是沃尔玛通过销售规模从生产制造商那里获得了更多的利润空间，而且他们也不完全是低价，而是根据消费者对商品的熟知度和敏感性采用不同的定价方式，他们只是通过低价建立结构性优势，持续强化低价形象，只是消费者印象中的“低价”。

战略性竞争的低价底线应该是：进销差≥0，这个时候，完全没有考虑固定成本以及运营过程中所要发生的一切费用，已经退无可退，除非想办法降低进货成本。

第18讲

低成本策略

波动频繁的特点为成品油市场营销带来更多的不确定性，一番辛苦却未必能够盈利，这并不是营销人员不够优秀和努力，实际情况要复杂很多。应当说，销售只是兑现效益的环节而本身不能产生效益，能不能盈利主要看成本控制与市场平均水平相比较处于什么位置。

通常来说，商业利润来自“低进高出”，按照“当期进、当期销”的简单方式算账，扩大毛利的方式有压低进价和抬高售价两种。现实是市场只接受公允的价格，也就是大家普遍认可的平均价，浮动幅度极其有限。一方面，市场透明度越来越高，客户议价能力越来越强，而且对价格越来越敏感，通过提高售价来扩大边际利润几乎不可能，售价已经无限接近于当期生产或购进的平均成本；另一方面，上游可让渡的利润空间极其有限，无限度地压榨上游环节利润，只能让供应状况恶化，商家无力改进工艺、提高效率、研制符合市场趋势潮流的新产品。

成本压力难以前转后移，只能在企业内部消化，通过“库存”运作进行缓冲，从运营管理中挖潜，以此获得低于市场平均水平的成本，为参与市场竞争提供支撑。

18.1 左侧交易

库存是成品油经营者形成庄家优势的重要基础，在库存运作的前提下，所有的买进卖出仍然按照市场公允的价格来进行，“低进高出”主要指在市场下行的低价阶段买进、在市场上行的高价阶段卖出，工作重心由“议价”调整为“时机把握”，这与“当期进、当期销”的理解和做法完全不同。

库存运作的理念把赚钱的任务主要交给采购环节，营销人员的主要任务则是维系和稳定客户，确保销售渠道畅通，并努力通过服务提升交易质量，减少市场公允价格之外的折扣。如此分摊创效压力，有利于发挥各环节主观能动性，避免“采购指挥销售”这类脱离市场的行为，进一步落实“所有部门都必须有营销的考量，担负起营销的责任”的指导思想。

营销赚小钱，库存运作赚大钱。任凭营销人员如何努力，目前成品油市场公认的品牌溢价也不过每吨多卖三五十元，在销售价格上过于纠结，往往因此错过最佳时机，导致交易失败。倘若企业早已储备低于市场平均成本的库存，随时能够提供给营销人员于市场公允价之外的额外折扣，即便只是每吨三五十元的优惠幅度，交易成功的概率则会大幅提升，一步领先、步步领先。

成品油市场频繁波动的特点，为库存运作提供了客观基础。其要领简单概括无非八个字：“淡储旺销、低进高出”，这里的“淡”与“旺”主要指市场行情，也包括自然季节。即需求低迷时以蓄库为主，需求释放后顺势销售，这样的安排仍然是基于流通性考虑。

操作难点在于对市场价格“高”或“低”的判断。借用股市进行类比，散户追涨杀跌较为普遍，因为信息不对称，缺乏判断的标准和依据，只能盲目跟风操作。这种在上涨时买进、期待涨得更多，在下跌时卖出、害怕继续下跌的操作手法称为“右侧交易法”。

“右侧交易法”基于行情趋势延续不变，没有拐点的概念，涨就一直涨、跌就一直跌。机构凭借信息和资源优势总是抢先一步，利用追涨的心理拉高出货，又利用杀跌的心理洗盘，不管“诱多”还是“诱空”，被套牢的总是散户，前仆后继，俗称“割韭菜”。

三地原油行情与国内成品油市场的关联，以及供求关系对行情的作用，在前面已经有所阐述，企业力求准确把握每一个拐点，这里着重讲的就是引领行情的逆向操作手法，即“左侧交易”。

成品油营销有个口诀：“涨价时小步快跑、跌价时一步到位”。前半句是说**在市场行情预期上行的情况下，应该多次小幅度提价，营造氛围边涨价边销售，在预期涨价的临界点之前实现销售目标。**所谓“落袋为安”，只有兑现的利润才是现实的利润，当行情见顶即意味着拐点来临，“利好出尽是利空”，谁还傻乎乎地大批量买进呢？不搞营销的人容易产生错误认识，认为囤货待涨才能实现利润最大化，期望全部销售实现在价格顶峰，理论虽然如此，实际难以操作。就算企业能够精准预判行情趋势，在价格最高点能否实现销售还要看市场需求以及购买力。事实上，随着需求逐步释放，市场流通性也逐步下降，价格顶点等同于需求零点。此时，未能及时销售的商品就面临跌价损失。如果将需求假设为山顶的小球，市场行情变化打破其静止的平衡状态，势能逐步释放为动能，在重力加速度的作用下，小球从A点逐步加速，到达B点时速度达到最快，而由B点到C点是一个逐步减速的过程，到达C点时重新恢复静止状态（如图4）。小球所能到达的高度，与历史高位有关，并且受外力影响。

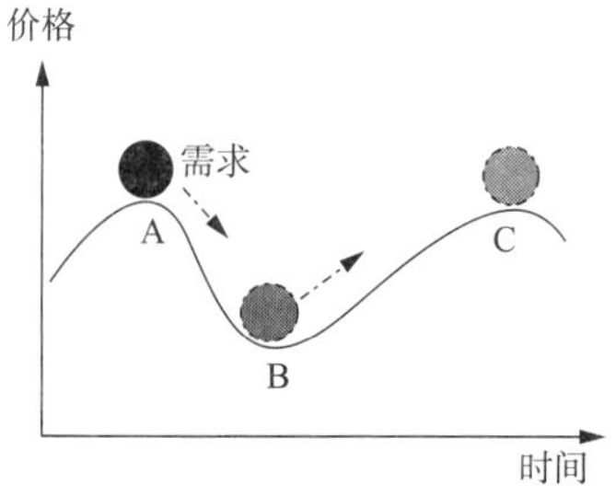

图4

后半句话是说**在市场预期下行的情况下，降价要干脆果断，避免损失扩大。**有的商家，一旦出现进销倒挂就在“卖不卖”之间犹豫，既担心潜亏扩大，又顾虑市场反弹。连续跌价过程中，上一轮的地板就是下一层的楼顶。经营者同样也不要企图准确预判价格的最低点，2014年成品油价格断崖式下跌，六连降之后有七连降、八连降，当大家开始蜂拥抄底的时候，市场毫不留情地来了一波“十三连降”。

用户关心“买”的问题，销售企业主要关心“卖”的问题，对“买”的问题反而经常忽略。“左侧交易法”基于行情预判进行逆向操作，其要点可以简单概括为："在下跌中买进，在上涨中卖出"。常态化经营原则要求库存运作必须做到采购和销售双向配合，既不能只卖不买，也不能只买不卖。

库存运作的落脚点还是在库存数量的变化。**持续跌价过程中，"先销后进，进大于销"，逐步升库是目的；反之，在持续涨价过程中，"先进后销，销大于进"，逐步降库是关键。**

18.2 零点分析

即使明白"左侧交易"的道理，期望在最低点买进、在最高点卖出的期望仍然会让不少人心存侥幸，由于"逆向效应"加速行情逆转，"左侧交易"式的逆向操作失败，最终演变成追涨杀跌的"右侧交易"，这种心态不是理性经营，而是赌博。

在市场行情下行的过程中，当前价格与预期的价"底"形成了企业心中的收益；在行情上涨的过程中，当前价格与预期的价"顶"同样被提前记入企业的银行账户。把尚未实现的收益当成已经兑现的利润，这就改变了参照标准。如果价格没有达到预期或者在预期的价格区间未能顺利成交，经营者就会认为产生了损失而难以接受，从而掉入"规避损失陷阱"。

因此，"跌到底再买"和"涨到顶再卖"能多赚钱成为某些财务人员的口头禅，理论确实没错，不过忽略了可操作性。商品市场与资本市场的流通性差异，造成以市场价达成交易的速度和可能性根本不同。只要不崩盘，资本市场永远有人接盘，需求可以随资金充裕而无限放大；商品市场取决于现实的需求，受限于购买力、仓储运输等客观条件，具有消费周期及饱和性。

在追涨的心理下，涨价预期增添了达成交易的筹码，为旺销营造出足够氛围，增加了市场流通性。可供客户的选择实在太多，"涨价以后再卖"式的将客户拒之门外，囤积待涨的联盟往往还没建立，便开始瓦解；反之，在杀跌的心理作用下，市场流通性下降，越是降价越是难以销售，买方具有更大的议价权。

买入以后价格下跌后悔，卖出以后价格上涨更后悔，这主要是参考框架出了问题。实际上，买进还是卖出的选择可以归结为企业对当前价格是高估还是低估。企业应当摆脱库存的影响，假设当前是零库存，会以现在的价格购买吗？如果答案是肯定的，坚持买进；否则，就应该毫不犹豫地卖出。真正以零参照系来看待一切，就会发现营销所做的工作都是**确保现实利益最大化，而不是理论利益最大化。如果在期望中错过市场机会，而不做任何操作，可实现的收益就是零。什么都不做可能付出的代价最高。**

左侧交易在于趋势，预判拐点而不在乎抓住拐点，市场价格往往领先于基本面，交易必须先于拐点到来提前完成。这既是善意经营使然，也是保持理性所必须。**销售价格与销量的负相关关系，决定利润最大化这个点，既不是价格最高也不是销量最大。**与其纠结于“涨价前卖不卖”，或者忽悠客户在降价前大量购买，倒不如检讨为什么没有提前运作，搞好进销平衡，在压低成本方面努力，为营销争取更大砝码。

18.3 三分法

有人说想赚大钱就要冒险，关键时刻就得赌一把。须知经营不是赌博，常态化经营需要理性地长期赚小钱。相信大家都同意这样一个观点：做经营“宁愿少赚，不愿多赔”。

左侧交易“在下跌中买进，在上涨中卖出”解决了成交的问题，但是风险如何控制，利润如何保证呢？

营销口诀“涨价时小步快跑、跌价时一步到位”分为“小步”“快跑”和“一步”“到位”四个关键词，**“小步”和“一步”说的是幅度，而“快跑”和“到位”是指操作节奏。**

经营者可以把一波行情分为行情启动、行情展开和行情极致三个阶段，如果把一波行情中预期实现的销售目标定为1，在上行行情的三阶段中，期望兑现的参考比例依次为30%、50%和20%；而下行行情三阶段期望兑现的参考比例分别是20%、50%和30%。一方面，企业必须尽可能在行情发展的过程中实现大部分销售、锁定大目标；另一方面，必须站在客户的角度，考虑市场接受度。

采购不是每天必须要做的事情，按照左侧交易法则，尽可能把采购安排在行情下行阶段，确实需要在行情上涨时少量补库，则趁早一次补足。

话虽如此，真正纠结的还是行情趋势并不十分明朗，此时可以借鉴投资三分法的操作方式。所谓“投资三分法”，是在兼顾投资安全性、收益性和流动性的前提下，把全部资产用1/3存入银行，1/3买入债券、股票等有价证券作长期资本，1/3用来购置房产、土地等不动产。成品油采购策略可以参考如下安排：

首先预留资金总额的1/3作为准备金。企业永远需要随时可以动用的现金流，可以在市场出现机会时追加投资，也可以用作失利后的补充和用作承担损失的能力准备。

然后，把剩下资金再分为三份，预分配的比例可以是20%、50%和30%。这个比例偏谨慎保守，如果想尽可能降低采购成本，应该把更大的比例安排在后期。可是越往后，“逆向翻船”的可能性越大，能否下船上岸还是未知数。如果行情真出现预料之外的八连降、九连降，不用担心，毕竟还有1/3的准备金随时可以动用。

三分之后还可以再三分，这些比例原本就是一个变数，每个企业、每个人都可以根据自己的情况去调整改变。其实，在持续上涨的过程中，只要兑现销售都会实现盈利，区别在于挣多挣少。

所谓“牛市靠捂，熊市靠炒”，要想抓住一波大行情必须有足够的耐心，等、再等，忍、再忍，千万不要急于押上最后的筹码！

18.4 库存成本等值

定性分析之后，关于库存运作的定量分析有个简单的方法可供参考。在建立保证日常经营所需的合理库存量及成本水平基础之上，按照进货成本的涨跌幅度相应调控库存数量，就搭建出一个库存运作的数学模型。

进货价格下跌增加库存量，进货成本上升则对应减少，称为“库存成本等值法”。简单来说，库存成本=采购价格×数量，价格上升则数量减少、价格下降则数量上升。即库存水平与价格呈负相关关系（如图5），当价格降到最低点时升库到满仓，等价格涨到顶点时把库存降到最低。基于实物商品流通性

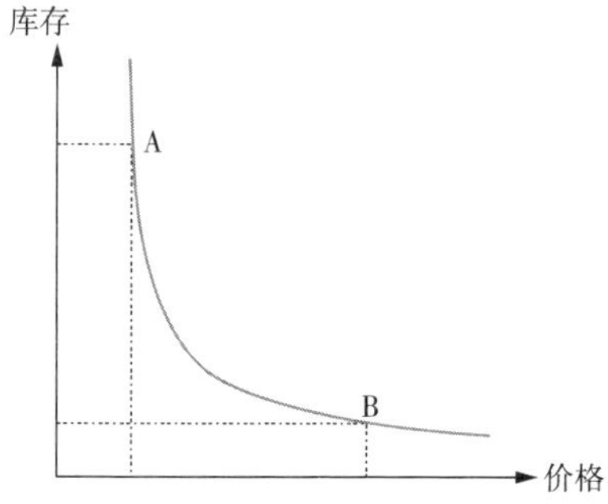

图5

变化，这种操作能够确保成交，兑现收益或减少损失。

合理库存量可以根据企业销售水平及到货周期确定，例如半个月的正常销量。基于均衡到货的假定，入库量与出库量的多少关乎存货量的变化方向，在途商品应当作为库存的组成部分。

“库存成本等值法”的操作难点主要在于成本水平的确定。一个年度内的价格走势预测，在大的石油公司有专门的战略研究机构来进行，而中小型企业可以参考专业咨询公司意见或者凭经验判断。市场的魅力就在于其不确定性，专业预测也好、经验判断也罢，尚需根据市场条件改变做出相应的修正，是一个动态管理过程。

需要说明的是，“等值”只是一个相对概念，由于价格中税收占比较高，导致价格变动幅度相应缩小。如以6000元为基数，每增减100元的变动幅度仅为1.7%，更适合稳健的操作者。对于激进型的操作者而言，库存量的控制可以采取幅度倍增的办法来放大效果。

当然，离开实际空谈理论毫无用处。决定库存高限和底限尚需结合销售能力及库容情况，理性制定“止损点”和“止盈点”。一般来说，库存高限介于合理库存水平的1.5~2倍，库存底限不能低于合理库存水平的50%。这个标准，仍然是从流通性考虑。虽然不能全部解决问题，但操作相对简单。

从以上方法可以看出，销售仅仅是实现效益，而不一定产生效益，决定效益的根本在于库存成本及数量水平。企业不能进入一种误区，用自己的成本费用加上一定的利润决定销售价格，这种方法市场不会认可。正确的做法应当是用市场的平均售价作为标准，倒挤成本和费用。

客户购买暂未提货的商品，或者分次提货所形成的结余，所有权已经发生转移，实物还可供周转使用。在上行行情中，已售未提挤占库位，为中间商投机增加了机会；在下行行情中，已售未提形成的库存，成为免费融通的商品，使库存双向运作成为可能。

统筹一切可控的营销资源，使之发挥效力为达成目标所用，谓之经营。

“卖空”就是在持续下行的行情中，于高价位提前销售，再利用延迟交货的时间差进行低价补库，先销后进兑现差价。

汽油主要作为生活用品，除了以再销售为目的的加油站零售商具有一定的库存调剂能力以外，终端的用户群体并不具备投机的条件，而零售商的额外库存只能存放于油库。这就造成柴油消费的“提前”和“延后”的空间比汽油更大，相对而言，汽油进行库存运作的空间更小、周转速度更慢，需要更加谨慎保守。

由于经营柴油的利润普遍低于汽油，加之近几年柴油需求增幅放缓，汽油经营日益受到重视，很多油库、加油站主动把柴油罐改为汽油罐。其叠加效果就是柴油供应量急剧减少，阶段性紧张局面又开始出现，不得不说这又是一个“逆向翻船”的案例。

库存运作并非一定要依托油库才能进行，延期交割的特点使其并不完全依托于实物商品，上一级分销商的仓库也能为我所用。零售环节同样如此，只有通过库存运作把采购成本降低到市场平均水平以下，才能获取额外的收益，才有进行价格竞争的底气和资本。

18.5 不应忽略的采购

采购策略直接影响采购成本，通常来说，批量采购成本远远低于零星采购。

某些加油站零售商采用抱团的方式联合采购，用这种策略增加议价的砝码，这是横向集中的方法。多数企业关注单次采购而忽略长期规划，化整为零丧失了原本的优势。显然，洽谈单次的采购量和一年的采购意向，供应商重视程度自然不同，给予的折扣力度也不一样，长期采购策略相当于将未来的购买量作为砝码，与商家结成战略联盟，以此换取低于市场平均水平的供应价格。

油品零售“吨进升出”的特点，使同等重量油品的可变现价值产生差异，以再销售为目的的批发客户早就弄懂了其中的“秘密”，也更愿意接受小密度所带来的变相优惠。但在一级批发环节却常常忽略这一因素，采购策略中通常并不包括对不同密度油品的价格区别。

成品油批发业务周转快、毛利低，必须控制好各环节的成本和费用，也必须确保较高的周转率。每次周转所产生的溢余就是额外的收益，而损耗就是额外的费用，低成本策略需要渗透到每一个环节和角落，成为每个岗位的自发意识和自觉行为。

天下没有包赚不赔的生意经，更不可能用一个公式算尽经营。以上方法，仅仅是站在企业的角度去提升“增加盈利和减少亏损”的概率，“库存成本等值法”的最大短板，在于忽略了“逆向效应”的影响，重点在于风险管理，也会因此错失重大商机，实际应用的时候还需结合市场的主流观点和库存水平进行反向操作，这才是左侧交易的精髓所在。

第19讲

服务营销

库存运作确实是增加竞争筹码的良方，如果大家都能掌握也就算不得好的方法，因为丧失比较优势又回到同一起跑线。做不到低成本，不妨选择服务营销替换价格竞争。

与依托数据信息交互的线上零售不同，传统实体门店具有与客户直接“面对面”互动的特殊性，这个特点使服务成为零售经营活动的基本职能。但是，传统零售业以销售商品为主，服务意识还比较模糊，服务仅仅是从属于销售的一个环节，竞争手段除了价格之外没有别的选项，成品油零售行业同样如此。

随着消费升级，零售业与服务业发生越来越多的交叉重合，客户已不再是单独购买商品，而是既购买商品也购买服务。特别是对于高度同质化的商品，服务已经成为客户选择的依据。在这种情况下，商品仅仅作为成本的载体，而服务才是创造价值的核心。

也就是说，用服务替换低价竞争并非不可能。

19.1 服务的三个层次

以汽车行业为例，国内汽车市场刚刚启动时，加价提车是普遍存在的现象，商品匮乏年代创造的商业神话终究难以持续，通过产品迭代虽然可以暂时减缓暴利的衰败速度，却难以改变总体趋势。现在，把汽车当成一种媒介和载体，通过提供维修、保养服务来实现盈利，已经成为4S店主要盈利模式。

一般意义上的服务只是指社会成员之间相互提供方便的活动，通常可分为有偿的、直接或间接的提供方便的经济性劳动服务。传统服务业的定义一般也是指生产和销售服务产品的生产部门和企业的集合。

在此基础之上，对传统服务的特征一般归纳为非实物性、不可储存性和生产与消费具有同时性三个主要标志。服务更重要的特征是以消耗人的时间为主要产业类型，具有时间的独占性。以人流为主要特征的产业定性为服务业，按照这个标志，传统零售业以“面对面触达式”为主的销售方式，也可以归类为服务业。

服务的本质是满足客户的需要，形成企业与客户之间良好的交互关系，以获取双向价值增值，即企业通过服务获取利润，客户通过服务获取收益。客户满意既包括商品功能效用，也包括客户的情感诉求。

在以商品为主导的销售过程中，服务仅仅为了支持实物商品销售，目的是保证消费者所购商品效用的充分发挥，也称商品支持服务。在这个阶段，服务是被动的、无意识的，是为了让商品消费变得更加容易而向客户提供的附加服务。如果用整体商品的概念来解释，服务就是指整体商品中的附加和延伸部分，这个阶段属于服务的第一个层次。

当服务升级为改善客户体验，通过关注客户进而提供服务，最终成为实现有利交换的营销手段。此时，服务进入第二层次，即服务营销。服务营销是企业在充分认识客户需求的前提下，为充分满足客户需要而在营销过程中所采取的一系列活动。服务营销中的“服务”作为营销组合要素，成为商品不可缺少的组成部分及区别于其他商品的特征。服务营销的产生一方面由于商品的服务密集度日益增大，另一方面是由于市场转向买方市场，客户需求层次提高并向多样化方向拓展。这个阶段服务是主动的、有意识的。

【小故事】服务具有温度。大多数人自以为服务很到位，仅仅是站在自己的角度考虑问题。某个冬天，我陪着家人到某店购物。因为是老客户，服务员招呼很热情，一边给家人介绍商品，一边也给无所事事的我送来一杯水。一喝凉透心坎，才知道是杯冷水，于是放在那里再没碰过。

如果仅仅提供形式上的服务，有时候不如没有。具有温度的服务才能走进客户内心，既不“冻人”也不“烫人”，让人感觉到舒服。

服务发展的第三个层次就是将原本属于附加的或处于附属地位的“服务”进行强化，提升至主导地位，从而弱化商品生产和交换概念，主要依托服务所形成的新盈利模式，简单来讲就是不靠商品赚钱，而是靠服务获取利润，是经济服务化的必然趋势。

【案例】买椟还珠的典故原文：楚人有卖其珠于郑者，为木兰之柜，薰以桂椒，缀以珠玉，饰以玫瑰，辑以羽翠。郑人买其椟而还其珠。此可谓善卖椟矣，未可谓善鬻珠也。比喻没有眼光、取舍不当，也嘲讽了奢华浮夸的过度包装超过了产品本身的价值。站在今天的角度，何尝不可以理解为客户需求越来越个性化，愿意为高质量和高标准服务所支付的费用甚至已经超过产品本身?

连锁经营的价值核心，依赖统一标准的服务及商品，商店的开发、设计和标准化的设备、陈列以及经营模式、操作流程等等，这些内容可以减少客户重新认识商品、熟悉服务所付出的心智成本，达到吸引客户、扩大销售的目的。

与传统商业依靠进销差价牟利的方式不同，服务主导的经济模式主要依托薄利多销，甚至在直接的业务中亏本经营，销售流量、返点、广告费作为主要的盈利点。在德国大众汽车公司流传着这样一句话：对于一个家庭而言，第一辆车是销售员销售的，而第二辆、第三辆乃至更多的车都是服务人员销售的。许多成熟产品的成本、技术、功能与质量已达到竞争的极限，只有采用服务策略，才能达到提供差异化商品的目的。

19.2 服务先于销售

服务之于商品，犹如电之于电灯、文字之于书本、音乐之于播放器。由于服务不具有实物形态，它的无形性造成服务后附于商品的普遍认知。事实上，服务限制或者催生商品销售的案例比比皆是。

1983年，世界上第一台移动电话问世，这是摩托罗拉公司耗时十年才研发成功的，由于配套基站建设缓慢，也是移动电话延迟发售的一大原因，谁会购买一部根本打不通的手机呢？能源补给的设施站点配套不同步，也是新能源车辆增长缓慢的主要原因。由此可以看出商品和服务的关系，属于典型的软件/硬件范式，服务越完善，用户使用商品获得的效用越大或满足感越强，因此，服务越来越被视同为商品销售中必不可少的特殊商品。

当一项销售行为既涉及服务又涉及货物，混合销售淡化了行业界限，商业的本质也从买卖关系逐步升级到服务关系。零售业与客户“高接触”的特点，使服务逐渐成为提升企业核心竞争力的重要内容，技术改造和理念更新，助推传统零售业逐步转型升级为新的零售服务业。从某种意义上讲，由于放大核心优势而形成的新业务模式，也可以称之为新零售，或者无边界企业。

所谓零售服务业，并非零售业和服务业的简单相加，而是着重指基于“触达”方式的销售过程中，市场边界弱化，既销售商品又提供服务，呈现出商品服务化、服务商品化的趋势。

商品服务化。商品不会说话，服务能够赋予商品情感和温度。处于产品导向阶段的企业强调自我，只关心质量、成本，忽略了客户是否满意并认同其价值，很难引起客户共鸣，导致供需连接错位。因此，并不是客户吝于购买，而是商品与客户的预期不匹配，不能形成有效连接。

一个好的商业口岸，使客户消费更加便捷容易。同一商品在不同店铺的销售数据大相径庭，是因为口岸赋予商品特殊的时空位置价值。消费的多元化和分散化趋势，促使产品由批量生产转向个性化和定制化，原材料由谁提供已经不重要，重要的是提供服务的种类和质量。有人据此提出：未来所有的工具类产品，都有可能会从卖产品的模式，变成产品为载体的一种服务。例如，有了共享平台以后，客户从购买自行车、汽车商品变成了租借，企业不再是销售产品，而是提供租赁服务。

商品交易与提供服务相分离，一方面是由于服务升级为与商品平行的独立维度，履行价值创造的功能；另一方面是商业模式的迭代，逐步弱化商品销售职能而强化服务，例如电信运营商“充话费送手机”就是典型的案例。零售服务业（或者说服务型商业）所有人员都被客户看作商品的一部分，这些人员服务的仪容仪表、专业技能以及服务态度等直接反映企业的服务质量，越来越多的客户在评价和购买商品时注重营销人员所带来的第一印象和综合感觉，客户感性所产生的印象、态度左右着客户的购买决策。当客户感觉得到的价值大于成本时，对购买给予较高的评价。由于价值无法全部衡量，是人们的心理感受或抽象的情感，这就要求零售商综合运用情感服务来影响顾客心理感知，实现客户让渡价值。

服务商品化。不管是客户到店还是上门推销，达成交易的前提是客户不仅愿意为商品和服务埋单，还愿意为之花费额外的时间。换个角度讲，“面对面触达式”交易过程中，营销人员也在同步“消费”客户的金钱和时间。按照等价交换原则，客户付出的时间成本需要通过情感交流和赢得尊重来满足，必须更加关注客户个性，提供精准服务，体验服务因此成为促进客户主动消费的关键。

客户对服务的需求涉及消费的时间、空间及其互动和个性化等多维度，实现服务商品化需要在四个方面进行改进：其一是制订可量化的服务标准。服务标准树立企业及员工工作目标，向客户及员工传达企业期望，也是衡量价值创造的工具，主要包括响应的时间、服务的内容等。例如顺丰快递的当日送达、电话应答响铃不超过三声、理发店规定洗头时间不少于二十分钟等；其二是形成差异化的服务特色。例如部分酒店推出的管家式服务，客人一旦入住酒店，便以客人私人管家的身份成为套房的经理、客人的雇员。海尔上门服务人员统一标识着装、自带鞋套、工具垫，给客户以专业和细致的认知；其三是建立客户认可的服务品牌。例如四川航空的“四川味道”，道地的特色小吃和辣椒酱改变了飞机餐难吃的普遍印象，以地方特色形成自己的特色服务品牌；其四是明确不同档次的服务价格。免费只提供基础服务，不同档次的服务对应不同的价格。例如加油站自助加油与人工服务有所区分，明码标价是服务商品化最重要的步骤和方式，唯其如此，才能将服务不到位与商品短斤少两画上等号，员工有目标、客户有期望，赋予同质商品额外附加值，真正实现服务增值。

【案例】与很多更关注车型的汽车企业不同，上汽在2006年产品品牌还没有推出之前，就已先推出“尊荣体验”服务品牌，一个服务体系的建设与其首款车型的研发同时进行，这在当时销售为主要利润增长点的年代不被理解。

2006年11月18日北京车展上，上汽还没有宣布自己首款新车的价格，就在现场隆重推出了自己的服务品牌“尊荣体验”。这一服务品牌涉及销售、售后、金融、保险、二手车销售、车主俱乐部等汽车服务的各个领域，并带来了“降低用车成本、提供舒心服务、广泛沟通、便捷化服务、质量为先、诚信为本”这六方面的承诺。

此举一出业界哗然。这种“兵马未动，粮草先行”的行为被业内视为追寻差异化营销模式的典范案例，上汽也由此成为全球首个于产品上市之前就初步完成对服务体系构架建设的汽车厂家。

此后，“一步领先则步步领先”的道理印证在了上汽身上，当行业内普遍遵守“2年或6万公里”服务标准时，上海汽车又率先提出“3年或8万公里”的保修政策。又推出四项差异化服务：修补漆终身保修承诺、6:30~8:30档的早间预约接车服务、对客户做出维修进度时间以及维修质量的承诺、在维修等待中提供1小时维修进度告知服务。

这种对服务的重视的确给上汽带来了回报，荣威这个年轻的品牌在几年内迅速提高了在消费者中的知名度和用户的忠诚度，同时服务对于销售的促进已经是业界不争的事实，到2010年，上汽荣威和MG两个年轻的品牌共销售16万辆汽车，已然成为自主品牌中的典范。

随着汽车行业服务的地位越来越高，上汽的这种“服务先于销售”理念的优势被越来越多的同行所接受，甚至成为众多经销商主要的利润来源。

由于缺乏真实的场景展示和体验服务，线上零售主要靠价格优势达成交易，虽然获客成本高昂，但是黏性明显不足。只有实体店商品的真实感受、人与人直接面对面的沟通和情感交流以及由此建立的信任感，才能满足并不断创造客户新的需求。

越来越多的专业电商意识到实体店不可取代，纷纷从线上转到线下，通过“展厅效应”促进线上销售，全域零售正在成为新的零售模式。很多时候，人们闲逛卖场原本没有购买商品的欲望，却受卖场的氛围感染、被商品的款式吸引、被售货员的热情打动，意外购买了一大堆原本并没打算购买的商品，大概就是服务营销的魅力所在。

非常竞争

作为传统的实体行业，有人说：成品油与互联网天生绝缘，跨界打劫也几乎没有机会撼动市场格局。尽管成品油行业具有天然的竞争屏障，却依然不能完全置身事外。

面对市场不断涌现的新模式、新方法，传统的竞争手段只能算“常规”武器，不具有大规模杀伤力。企业不能坐等寒冬来临以后才开始变革，而必须为实现极限生存提前准备。

第20讲

免费游戏

低价无底限。尽管企业已经不断地降低采购成本、提高效率、改善服务，却仍然不能满足客户的需求，不能保持竞争优势。

当销售价格已经趋近于成本，还能更低吗？

虚拟经济资本化定价方式，颠覆了实体经济以成本和技术为基础的定价体系，数字化商品边际成本无限下降趋近于零，以零价格交易再次刷新低价下限。

对于实体经济来说，低价陷阱尚且难以摆脱，完全免费无异于自取灭亡。基于进销差价盈利的营销模式显然不能支撑零价格交易，除非更新商业模式。

20.1　谁来为免费埋单

营销主要讨论的是商业模式，即如何运营的问题，价格涉及的则主要是盈利来源，即实现价值创造赚取利润的方式。如果仅仅研究商业模式，传销不但完全成立，还不失为一种好的模式，问题在于“天下没有免费的午餐”，盈利来源没有解决，模式就难以持续。即便是边际成本趋零的数字经济，已经实现了去货币化的免费模式，依然还需要盈利来支撑持续运营。只不过与传统方式不同，其盈利来源更加隐蔽多元、方式更加变幻复杂。

免费模式基于利他思维，企业家们并没有在一夜之间变成慈善家，但免费确实遍布四周。例如，飞机上的免费餐、社区方便居民的免费巴士、信用卡免利息的信用额度、电视台的免费节目，林林总总诸如此类，给人们的工作和生活带来便利。

网络经济跟房地产没有本质区别，都是圈地之后静待升值盈利。对于网站来说，缴费注册的会员（VIP）或未缴费注册的非会员，都是具有价值的“土地”，可以“盖房”、可以“挖矿”。以视频网站为例，其免/收费模式颇具代表性，适合作为案例样本予以研究讨论。

非会员可以免费收视部分开源节目，如果想要观看非开源的影片剧集，就需要缴费升级成为正式会员。这实际是体验营销的惯用手法，如果用户最终缴费成为视频网站的会员，那么终究为之前享受的免费服务埋了单，这确实是大概率事件。

这种由客户通过购买其他商品为之前的免费商品一起埋单的方式，称为直接交叉补贴。

对于理智型的消费者，意志坚定始终只观看免费节目，则必须放弃热播剧，忍受越来越长的插播广告。非会员虽然不能带来直接收益，但流量能够增加广告收益，用户的收视费由广告商垫付了。客户异质性和多种盈利途径正是视频网站所追求的，当用户购买其他商品的时候，难免不是受了广告的影响。

这种由第三方付费参与到前两方商品免费交换的模式，称为三方市场，也是所谓多边平台或多边市场。

有些视频网站为了吸引流量，不但引入独播资源，还投入巨资自己拍片、拍剧。刚开始放在网站上全部免费，当收视率和口碑上升，氛围营造达到一定程度以后开始转换为收费模式。作为非会员，追剧早且快的能够享受到免费，但付出了口碑传播，而后来者需要付费观看。

这种免费与收费共存的模式被称为“免费+收费”模式，免费的通常是付费商品之外的赠品。例如，为了享受免费配送服务（免运费），用户自觉地往购物车里面添加了许多原本并没有打算购买的商品；企业曾经流行使用过一种称为“信鸽”的即时通讯软件Active Messenger，当使用人数在一定范围内时可以免费使用，一旦人数增加超过临界点便需要付费，实际也是“免费+收费”模式。

事实上，还存在一种不需收费的范围和模式，称之为非货币市场，交换的条件可能是付出劳动或个人信息。例如，腾讯QQ作为社交软件并不收费，其盈利主要源自游戏；同样作为社交软件的微信也不需要用户付费，而开发微信无疑是需要成本费用的。直到微信支付横空出世，从支付宝一统天下的市场格局中抢食到一大块蛋糕，人们才发现先前的免费竟然也只是“圈地”待涨的过程。

免费不是数字经济的专利，具有基础业务与增值服务双层经营的实体经济同样适用，包括加油站在内。无论是“加油送非油商品”式的以油带非，还是“消费非油商品赠送加油抵扣金”式的以非促油，增值业务既可以是油也可以是非油，既可以是实物也可以是服务，包括IC卡充值送购物卡等活动都是直接交叉补贴；而与银行、电信、保险公司以及餐饮等异业合作的平台模式，则是典型的三方市场；用加92号油品的钱体验95号油品，差额部分由石油公司补贴，以及单次加油达到定量以后免费的方式，谁的油箱越大越占便宜、谁油箱的余油越少越占便宜。或者每天一次甚至全年免费加油，谁知道幸运会砸在谁的身上呢？明显属于“收费+免费”模式。

免费开水、免费如厕既是履行社会责任的公益性业务，也是营造氛围的需要，属于非货币市场。

曾经有民营加油站业主提出，针对直销市场大量的自备罐客户可以免费提供代存代付业务，其收益既可能来自吨升转换造成的油品溢余，还可能出于纯粹的营造氛围，利用免费聚人气、通人脉，为收费业务增加交易机会。不求名而名自至，不为利而利自来，实在比掉进钱眼满身铜臭来得高雅、高明。

20.2 免费背后的心理学

商家有恃无恐推出免费模式，依仗的是免费背后有着心理学武器的强大推动力量。

自我衰竭。正如视频网站的案例，用户必须具有强大的心智来容忍越来越长的广告、抵挡独播大片的诱惑以及被免费试看吊足胃口，在自我控制能力被严重消耗的情况下，用户的耐性被消磨殆尽，直到自觉付费为止。这种由于自我控制资源被严重消耗，个体出现暂时失控的现象，被称为自我控制资源衰竭。

礼尚往来。礼尚往来是我国的好传统，享受了一两次免费就感觉欠了人情，总想着花钱还回去。最不济“吃人的嘴短，拿人的手软”，起码也帮忙说些好话，算是口碑效应。加油站内的免费服务项目，不论是免费开水、免费洗车，既然已经来到加油站，加油就是顺理成章的事情。

价格隐藏。大家应该有这样一种感觉，刷卡消费比现金消费更容易发生预算超支，因为刷卡会弱化客户“付出”的感觉。提前充值再消费也有类似效果，有些商家还会用“代币”“点数”来模糊和淡化价格的概念。

免费不一定是零支付，而是从零开始到一个小到足以让客户忽略的范围，这个范围称为“客户容忍区间”，就是把价格降低到一定程度，或者说提供优惠的诱惑大到足以让客户忽略需要付费的部分，从而让客户更加容易形成购买决策。

20.3 客户容忍区间

有研究表明：“中国式过马路”并非国人素质问题，而是红绿灯时间设置不合理。当等待的时间过长，行人便失去耐性。据实验，英德行人的忍耐限度是60秒之内，中国为70~90秒，中国人的容忍极限实际更高。这并非空穴来风，中国人讲究中庸之道，把包容忍让当成美德。

据说石油系统内部某位高层曾经问过一个问题：“中国石化的品牌在客户心中值多少钱？”据网络排名，2017年中国石化品牌价值2632亿元，显然这不是这位高层关注的问题，他关注的实际是品牌溢价在市场上的具体表现。通常，批发市场之中，客户基本能接受主营每吨50~100元的品牌溢价，零售市场约为0.1~0.2元/升。换句话说，这个范围就是客户对品牌溢价的容忍区间，如果主流品牌的市场定价超出这个范围，客户就会转而寻求其他渠道。

在推销的过程中，喋喋不休容易引起客户反感，谓之“过度推销”。广告词“农夫山泉有点甜”很有意思，“有点”但不易察觉，留给客户自己品味，从中体会点到为止的营销意境；中低端牛奶每件一般为24小盒，而高端牛奶外包装尺寸不变，内里却只有12小盒。这样处理的好处在于，分拆后总价格都差不多，易于客户接受。

收费模式容易让客户产生顾虑，时刻在做比较、权衡和推理，甚至在购买后懊悔，导致不忠诚。客户感知交易成本会事前选定一个参照标准，只有商品或服务低于心智成本或高于部分在容忍区间以内，才会决定购买。

例如，“商品半价销售”的策略不如“加1元得2件”来得高明，从折扣效果看两者差不多都是5折，前者是商品本身折扣贬值，后者获得的是一项可选权利，参照的标准是商品原价，消费者感受完全不同；“充话费送手机”的营销策略，前提是话费总额必须超过手机价值，且冲抵话费时还需要投入更多的现金。如果换个玩法为“买手机送话费抵扣额度”，虽然本质没有任何差别，估计效果会大打折扣；“付运费免费领商品”的营销模式，其运费远高于正常水平，只是相对于客户对商品价格本身的感知，不合理的高额运费被忽略不计，其实商品的成本已经包含在运费之中，价格隐藏成功地转移了客户的关注点，使其进入“客户容忍区间”范围以内。

小到几乎忽略不计的小额支付叫“微支付”，客户感知相当于免费。“微支付”能够有效降低客户心智交易成本，快速促成交易。反过来也一样，客户对小幅度的优惠缺乏敏感性，例如，××超市收银小票上随机的0.3~0.5元的优惠，几乎全部被丢弃。汽油小于0.2元/升的小幅度优惠很难有实际增量效果，因为客户加一箱油所获得的优惠金额不足10元，小到几乎可以忽略不计，不值得为之排队或者专程绕道。同样的幅度对区县和乡镇的摩托车客户作用效果又有不同，他们的价格敏感度更高，或者说容忍区间更小，这些差别必须予以关注。

但是，因为没有付出成本或来得太过容易，人们往往不加珍惜，免费导致浪费。不仅如此，有些时候免费还带给人商品劣质、廉价的不好印象——免费模式也存在负面效应。

仅花1元钱可以购买一份版面内容丰富的报纸，甚至还能通过卖废旧纸张回收这1元钱，不过，报纸放在那里任人取阅反而遭受冷落，广告商也不再愿意花钱，因为不花钱的报纸在很多人看来已经没有价值；“肯德基”曾经推出一款售价15元的年度12张优惠券，根据不同季节设计有不同套餐，每次任意消费后可半价购热销商品一份+消费满额后免费赠送指定应季商品一份。由于购买优惠券的客户本身具有潜在的消费需求，并为之提前支付了一定费用，规避损失的心理总是期望在后续的购买中“赚回成本”，因而变得更加关注，其结果是优惠券的使用率颇高，远远超过免费发放的优惠赠券。

客户对来得太容易、没有付出代价的优惠，并不真正在乎，即使放弃也并没有损失，因此缺乏黏性和吸引力。石油公司发行的加油优惠卡也存在上述问题，由于客户获得折扣优惠并没有付出成本，显得并不在乎，这是造成大量睡眠卡的主要原因。事实上，国外的卖场更倾向于收费会员制，而不是免费。如果调整为收费发行，客户以相应的价格购买对应的优惠折扣，问题将得以改善（见表1）。客户购买优惠卡所发生的支付形成固定费用，不使用将形成损失，只有通过多加油才能拿回想要的优惠，而客户多加油正是企业想要的结果。与传统会员制相比，收费会员制应当注意以下几点：

表1　优惠策略

序　号	优惠幅度/（元/升）	销售价格/（元/张）	加油量推荐范围	备注：保本加油量/升
1	0.2	20	500升以下	100
2	0.25	50	500-1000升	200
3	0.3	60	1000-2000升	200
4	0.5	300	3000-4000升	600
5	0.6	600	4000-5000升	1000
6	0.8	1000	5000-6000升	1250
7	1	2000	6000升以上	2000

第一，实际优惠幅度比卡面所反映的将会低得多，以1元/升的优惠卡为例，客户累计加油到4000升实际享受的优惠幅度为0.5元/升。客户总有占便

宜的心理，为此高估自己的消费能力。

第二，由于购买优惠幅度是一次性支付，应当设定有效期或在协议中明确按固定周期缴费或自动扣费。

第三，优惠卡是客户付出成本后购买的权利，允许叠加加油站挂牌直降等其他优惠活动，不受额外限制。

用“免费”创造需求。免费不是真不花钱，只要在客户容忍区间范围以内，或者用变通的方式让客户感觉到免费。例如以旅游公司为纽带串联自驾游业务，整合客户在加油、购物、旅游等各方面的需求，用“免费”无中生有地创造出需求，实际是一种多边平台模式。首先，旅游公司开发短途高频的周边游产品，以输送客源交换景区对价条件，旅游公司的利润来源于客户在景区内的消费返利；其次，旅游公司寻找石油公司合作，借用场地作为集结地，为加油站输送客源。实质是借用其品牌背书，增强活动号召力；再次，客户实际仍需要支付一定费用（容忍区间内），并向客户赠送等值的加油站购物券（含油品）。客户虽然花了钱，但感觉不明显。在使用购物券时，还将带入更多的现金流。

当然，这些业务带给旅游公司的利润仍然微薄，旅游公司借此与客户产生联系，并从体验过程以及后续不断的活动安排中建立信任，引流的效果明显好于传统广告宣传的模式。从实际的营销效果看，由于解决有车客户周末休闲的痛点（思考去哪里，如何安排、花多少钱都会计入客户心智交易成本），为加油站和景区引流，活动参与的各方都从中受益。

只要方法适当，可以让客户容忍区间发生改变。7-Eleven在日本经常举办“100日元饭团”的促销活动。活动期间所有未满160日元的饭团与手工寿司全部降价为100日元，因为基准价格各不相同，折扣率也有高有低，本来就标价100日元的饭团根本没有任何折扣。即使如此，饭团类产品的整体销量却节节攀升，屡创新高。铃木敏文先生认为，金额表示法远比打折促销更为直观和有效。他还经常拿羽绒被和牛肉的案例打比方，当超市供应定价18000日元和38000日元的羽绒被时，前者的销量更好，38000日元的高级羽绒被几乎无人问津。但是，当超市随后推出标价58000日元的特级羽绒被时，情况发生了逆转，38000日元的高级羽绒被销量一跃排到了第一位，羽绒被的整体营业额也得到大幅提升。

为什么会出现这种情况呢？铃木敏文先生解释：当只有两种被子的时候，客户更关注价格是否便宜。当有三种被子可以选择的时候，客户在“高品质”和“便宜性”两个坐标轴上权衡，于是在“高品质”中发现价格的“便宜性”，成全了高级羽绒被的销量。牛肉的销售同样如此，客户通过比较，调整关注重点，容忍区间因此发生了改变。

借鉴这种方法，加油站推广95号汽油的最好方法，是增设98号汽油，客户在选择“高品质”和“便宜性”之间犹豫，折中的结果是“选择品质相对比较好的，但又不是最贵的”。消费的攀比心理也会促成原本消费92号汽油的客户升级一个档次，转换为消费95号汽油的对象。

不同的人具有不同的容忍区间，穷人为五斗米折腰，而富豪一掷千金；针对不同的对象容忍区间不同，谈恋爱的人通常会变得更大方，在孩子身上更舍得花钱；不同时段的容忍区间不同，奖金到手正是消费的时候，而青黄不接之时更加节约；不同的场景具有不同的容忍区间，在装修豪华的场所、繁华都市以及旅游景点，人们变得更加愿意花钱。

世上没有真正的免费，但企业利用了消费者“占便宜”的心理，用“免费”的方式轻易地进入消费者心智，吸引客源、获取信息、换来忠诚，达到抢占或垄断市场的目的。如果免费是游戏，则是一场昂贵且残酷的游戏，竞争失败者将淘汰出局，失去生存的希望。

第21讲 共享共赢

按照迈克尔·波特竞争五力模型分析，成品油行业内部的既有竞争属于常规竞争，来自外部的因素才是真正的威胁。首先是替代品的替代能力，虽然新能源汽车销售绝对量仍然落后于传统能源汽车，但销量增速领跑市场；其次是商业模式不断创新，行业边界日益模糊，跨界打劫时有发生，持续威胁并压缩传统行业的生存空间。

以气、电、氢为代表的新能源在经济性和环保性诸多方面具有明显优势，能源结构调整和优化的趋势不可避免，以高效、清洁、多元化、智能化为主要特征的能源转型进程将加快推进。

新能源行业催生不同于传统的企业模式，与新兴互联网技术结合将给新能源行业带来颠覆性的变革，共享经济可能使新能源边际成本趋近于零，越来越多的企业、公用建筑和家庭，在消费新能源的同时成为新能源生产者，不仅影响企业的经营方式发生改变，还将重塑能源行业的商业模式。

打败成品油的会是什么？目前尚难以形成一个标准答案。

21.1 智能化才是新能源革命的原动力

有可能替代成品油的新能源目前主要有气、电、氢三种，其中，压缩天然气CNG作为一种过渡产品存在，已经濒于淘汰边缘。

液化天然气LNG发展势头强劲，正处于快速上升期，市场但凡出现LNG零售建设项目供地，动辄以天价成交。不过，LNG目前的布局不尽合理，产能尚不均衡，还存在一些影响产业发展短板：

第一是储运设施设备严重不足，特别是库容不足。储运设施在LNG产业链中的主要作用是削峰填谷，利用库存调节产能。由于天然气井口产气量受温度影响较大，夏天气压足产量高，如果没有足够的储存设施，就会影响销售价格；到冬天用气高峰时，因井口气压低产气量下降，则会引起供应紧张，价格飞涨。

第二是尚未形成配套的分销系统。目前LNG主要以前店后厂的模式经营，这种模式仅仅适合业务发展的初级阶段，生产规模一旦扩大，销售就跟不上形式发展。只有渠道健全之后，业务发展才可持续。

当下，LNG站点一“投”即火，几乎没有市场培育的过程，部分省市大有取代柴油车之势，使得项目炙手可热，乐意为进场花费高昂的代价。这仅仅是供求不平衡的短期现象，随着LNG站点的增加，市场需求将逐步被稀释，不能因为当前的特殊状况而造成错觉和误判，抢先机固然重要，理性控制成本也非常重要。

目前，国内氢能产业尚处于市场导入阶段，与传统能源形式相比较，氢燃料电池汽车的推广和加氢站建设还相差几个数量级。在政策利好的背景下，专业机构预测到2050年，氢能在中国能源体系中的占比约能达到10%。显然，氢能源暂时还不能撼动成品油的主导地位。

相比之下，电动汽车对能源行业的冲击更加直接，是新能源汽车中的绝对主力。尽管如此，加油站布充电桩仍然是个伪命题。在电池容量取得实质性突破之前，换电方式无疑是解决用户痛点的最佳途径，“车电分离”将成为主流趋势。

过去，汽车仅仅代步工具，满足人们出行的基本需求，十万元以内的低端车型占据了绝大多数的市场份额。**现在，汽车是一种新的生活方式，用户更加追求驾驶乐趣和出行的舒适体验。**电动车在安静、平稳方面具有燃油车无法比拟的优势，而电动车的百公里加速成绩可以媲美甚至超越百万元级别的跑车。

更大的优势在于电动汽车的智能化。实际上，传统化石能源汽车的车载电脑已经非常普及，能够诊断车辆的各种问题并及时预警，比如胎压不足、灯光故障、燃油告罄，还有ABS、EBD以及车道矫正等辅助驾驶技术。这些都是汽车电子的发展，基于人工智能的无人驾驶等技术才是汽车智能化的真正趋势。由于人工智能计算和反应需要毫秒、微秒甚至纳秒级的速度，燃油车在这方面显然无能为力。由于燃油车的动力输出方式依靠燃油在发动机缸体内部燃烧推动活塞往复做机械运动，其动力输出具有一定的滞后性和较大的损耗（相比电动车），简单来说就是燃油机械的反应速度停留在秒级，很难再进一步。

汽车制造技术的进步，对动力输出方式和效率提出新的要求，这是生产力决定生产关系的基本逻辑。因此，智能化才是新能源革命的原动力，直接影响到成品油的前途命运。

21.2 “类运营商”模式

未来车企和油企要面对的不仅是一场能源革命，基于互联网的商业模式、服务模式、管理模式及供应链、物流链等各类创新不仅改变企业的经营方式，同时改变了盈利逻辑。

共享理念、体验经济在后浪消费群体中广为流行，未来越来越多的人可能选择用共享租车代替买车。尽管中长期向好、市场热度极高，重资产投入与盈利能力低下的矛盾始终困扰着已入局和待入局的企业及商家，高调入市、黯然离场者不在少数。在经历了一轮倒闭潮之后，投资共享经济的狂热情绪已经退去，只有少数优质头部企业才能够获得资本的青睐。

各类冠以“共享”之名的“新经济体”，如共享单车、共享充电宝、共享衣橱等，通过重资产投入进行快速扩张，其实质是分时租赁，与利用闲置资源创造价值的共享经济有着重大区别。因此，盈利能力差成为这类“共享”项目的共性缺陷。

作为一种优化资源配置、提升社会治理的新模式，共享经济是经济发展周期中的一个新阶段、新趋势。在希望与绝望之间挣扎的共享汽车，需要从“重资产”调整为“重运营”方能有望实现破局，如果能够及时调整经营模式，具备大规模造车能力的传统车企凭借多元化优势入局，或许会有更大概率的成功机会，在共享汽车领域成为最后的赢家。

事实上，手机销售渠道曾经由运营商绝对主导，直到1994年引进数字移动通信技术、手机和号码分离，为产生更多类型的手机销售渠道创造了条件。手机生产量快速增长，品牌和型号逐渐丰富，促进了手机销售渠道繁荣，中国邮电手机销售商的身份逐渐被弱化，成为真正的运营商。

这一转变过程从某种程度上体现了“商品服务化、服务商品化”的趋势，共享经济模式进一步加速推进传统的生产商、销售商转型为“分时租赁”服务商，依赖进销差价盈利的传统模式逐渐被分化，知识、理念已成为社会盈利能力最强的资源。时至今日，为成品油零售提供运营服务的专业公司已经非常成熟，而加油站本身也可以发展成为“类运营商”。例如，加油站曾经开展的“客存”业务（也叫“代存代付”），就弱化了商品销售的功能，转而以服务为主并通过服务创效。

各石油公司发行的IC卡本质上是一种储值卡，卡内存储的是客户预付资金的余额。从实际使用情况看，有几种现象值得关注和思考：一是即充即用的零余额（或趋近零）卡，这类客户办卡主要冲着IC卡优惠而来，却不愿因此占用过多的资金；二是客户拥有多家石油公司发行的加油卡，这类客户一般从事长途客货运输，不愿携带过多现金，把加油卡当成支付工具；三是睡眠卡，有些零余额或小余额卡客户实际已经流失，或者卡内虽有余额但没有消费，一般是由于加油站网点布局不完善等原因造成的便捷性不能满足客户需求。以上情况造成资金池的吸纳功能或流动性明显减弱。

从发展的一般趋势看，IC卡发展存在几个方向：一是卡片虚拟化。客户到站加油不再需要出示和使用实体的卡片，而是通过扫描车辆号牌等方式完成支付，或者使用小程序、APP进行网上支付。这种无感体验将极大地提高现场通过率，便利店商品需要进一步前置，与加油现场融为一体；二是使用简单化。越来越多的卡片给客户的日常工作、生活带来不便，卡片的管理已经成为问题。过去“一卡在手，各地加油”，未来也可“一卡在手，万事无忧”。这张卡片既可以加油，也可以购物、消费；三是功能多样化。即IC卡内存储的不仅可以是资金，也可以是油品，甚至是其他商品，即金额卡与数量卡。数量卡就是虚拟化的油品，卡内存储的是以升为单位的油品，具有价值和使用价值。同时，由于油品价格的波动性，数量卡又具备避险和投资功能，即商品属性之外附加了金融属性。

商品属性主要指能够满足加油的需要，由于数量卡的价值随油品价格的涨跌而变化，并不固定，这个特征使数量卡同时具备了可投资的金融属性。简单来讲，客户持有数量卡不仅可以用于加油、可以规避涨价风险，甚至还可以作为投资工具。

有人说，数量卡就是多年前的油票。确实，二者有较多的共性，油票随着油价的上涨而逐渐消亡。并不是客户没有需求，而是在卖方主导的市场中，买方缺少话语权的结果。2015年，油联石化推出“油联易卡”，短短一年时间，开卡客户数已达8万人次，客单价超过5000元，市值超过4亿元。“油联易卡”负责人表示：“由于石油本身的体量很大，油联易卡明年一年应该能做到50个亿，三年会做到上万亿。”尽管“油联易卡”因为缺少实体平台而不能实现期货对冲避险，最终招致兑付危机，但这种模式仍然具有先进之处。

由于数量卡的本身虚拟性和巨大的沉淀量，库存运作因此增加了多、空双向操作性；油企自有存货实际可参考银行业资本金不低于8%的警戒量即可正常开展购销业务；交易量的剧增势必增加库存周转次数，而实体经济提高毛利率的途径，就是加快库存周转提高效率。

按照定制化服务的概念，加油站可以做到仅仅是为客户提供服务的场所，借鉴银行业中间业务的“委托贷款”模式，由客户提供资金，并按照客户委托在合适的时间采购，并提供运输、仓储以及分次加油一揽子服务。受托油企不垫付资金、不承担涨跌风险，只根据服务内容收取服务费。

这种方式提前形成进销对接、锁定客户，最大限度地降低自有存货，规避商品跌价风险，保持合理利润率。届时，商品的进销差价不再是企业主要的盈利来源，库站的主要功能也不再销售成品油，而是为成品油经营提供服务的场所。

第22讲

平台战略

共享经济借助互联网平台的作用，实现个人闲置资源C2C共享，未来还将会全面进入企业、公共闲置资源以及服务领域，实现B2C资源共享，例如共享办公室、共享财务中心。共享经济与平台经济同气连枝，没有明显的界限，离开平台，共享经济就如同失去依靠的藤蔓，迅速滑落瘫成一团。

互联网平台的威力，在于将传统的线型价值链转变为平台价值矩阵。在全世界企业市值排名当中，互联网平台型公司超过了石油、金融以及工业和零售公司，具有绝对优势。国内的情况仍然如此，腾讯和阿里两家基础性平台公司高居榜首，由此可以略窥互联网平台之一斑。

有人庆幸成品油不能打包邮寄，否则这个行业也将被电商颠覆。而事实上，成品油经营电商平台早已诞生，只是因为成品油零售必须到店的特点，形成一定的物理阻隔，连锁经营的优势让加油站对互联网平台的侵袭暂时免疫。

22.1 升维竞争

由于盈利模式不同，互联网平台凭借网络效应不断挤占实体经济的利润空间，成品油零售行业也不能例外。

有数据显示，截至2018年年底，移动出行平台“滴滴”拓展了400余座城市，注册司机人数超过5000万，用户高达5.5亿。网约车作为城市中油品消费的高频群体，是加油站理想的优质客源，而滴滴平台具有整合客源的天然优势。加油站希望借助滴滴巨大的车主流量提升销量，而滴滴也在拓展加油业务，早在2018年4月已经成立汽车服务平台，同年8月升级为小桔车服公司，“小桔加油”等品牌同时启用。

这是一场实力悬殊的较量，新商业早与传统模式甩开了差距，注定这场合作从一开始就不平等。互联网平台公司不仅希望从利润丰厚的加油站行业获得更多收益，而且希望参与甚至操控加油站经营，合作加油站苦于没有更好的衔接渠道和应对方法，陷入进退维谷的尴尬境地。

近年来，受商业模式转变的影响，我国物流行业以前所未有的速度发展，其中，公路运输占我国所有物流运输方式的80%，物流运输用油年需求超过1.5亿吨，货运车辆无疑是加油站高质量黄金客户群体。尽管加油站看到其中的诱人价值，如何建立深度友好的合作关系却成为一个痛点。

成立于贵州的货运平台“货车帮”与2000多家加油站合作，利用大数据，支持加油站智能推荐、加油路线规划、热点加油站错峰加油机制设定等服务，单月车油增值业务成交总额超1.5亿元。2017年11月，“货车帮”与同为货运平台公司的“运满满”宣布战略合并，成立一家新的集团公司——“满帮集团”，也被人称作“卡车版滴滴”“货运领域的滴滴”，据官网数据，截止2020年底，满帮货运平台认证司机超过1000万，认证货主超过500万，服务范围覆盖300多个城市。

2021年6月，中国石化资本公司宣布，完成对满帮的投资交割，并称将在能源、公路物流等领域布局大数据和人工智能等新兴技术，共同探索更多深度合作的可能性。

时下流行两句话值得深思：第一句是“我消灭你，但与你无关”，是竞争规则与之前完全不同；第二句话是“羊毛出在猪身上，狗来埋单”，是盈利模式发生了改变。显然，实体经营“连锁经营，终端为王”的市场机制在互联网平台面前显得有些失灵，控制力和影响力大打折扣。

【趣闻】爹对儿子说：“我想给你找个媳妇”。儿子说：“可我愿意自己找！”爹说：“这个女孩不但漂亮，还是世界首富的女儿！”儿子说：“这样啊，我当然愿意。”然后他爹找到世界首富说：“我给你女儿找了一个老公。”世界首富说：“我女儿凭什么要嫁给他！”爹说：“这个小伙子年轻有为、英俊帅气，是世界银行的副总裁！”世界首富说：“啊，这样，行！”最后，爹找到了世界银行的总裁，说：“我给你推荐一个副总裁！”总裁说：“可是我有太多副总裁了，多余了！”爹说：“这个小伙子可是世界首富的女婿！”总裁说：“这样呀，明天就来上班吧！”

可见没有达不成的交易，问题主要在于模式老套、方法不对路。平台是什么？对销售企业来讲就是为购销双方实现信息交互，营造氛围为之找到共同点，衍生产品并创造价值的环境。

所谓平台，就是优化整合多种业务价值链所共有的部分所形成的价值共同体。一个成功的平台并非仅是提供渠道和中介服务，而在于打造潜能巨大的“生态圈”，平台连接的任意一方成长强大，都会带动另一方成长。

以前租房屋，人们只能从街边小巷的小广告中寻找，这种低效率的信息传递方式催生了房屋租售中介行业。虽然中介公司实行收费服务，却减少了出租（出让）方的房产闲置，需求得到快速满足，实现了资源的高效配置，大多数供需双方都乐意付费；“好吃街”“餐饮一条街”能够火爆的原因，主要在于消费氛围的影响，而4S店选择店面的时候，通常会“邻同业而居”。他们并非不担心竞争，但是产业聚集所形成的商品、服务的多样化，同样是企业赖以生存的商业生态圈。

决定战争胜负的因素，过去主要靠兵力，而现代战争武器的作用越来越重要。机枪问世后在战场大显神威，第一次世界大战中80%~90%的伤亡都是由机枪造成的。1916年战争进入僵持阶段，英法军队与德国军队进入阵地战，但谁也不敢越出彼此的战壕。为了打破这种局面，英法率先将坦克投入战斗，由于坦克兼作战与保护于一体，一时英法大败德国军队，改变了战场上的僵局状态。同样，在第二次世界大战中，原子弹投放直接使日本宣告投降，加快结束了整个“二战”战局的进程。

商业模式的创新，无异于战争中武器的升级，谁先掌握了新的决定性武器，谁就掌握了胜负。军备竞赛不会停止，商业竞争同样如此。

22.2 从单边到多边

同样作为出行平台，滴滴表现非常强势，而共享单车企业不断倒闭，问题出在哪里？

稍加分析就会发现其中最主要的差别：其一是轻资产对重资产，滴滴主要是私家车在运营，而共享单车靠自己投入；其二在于共享单车跟传统的租车业本质没什么区别，只不过把业务从线下搬到线上，除此以外没有其他营利点。而滴滴在汽车后市场的布局已经非常广泛、深入，具有非常典型的多边平台属性。

连锁经营的加油站，本身也是汇聚客流的实体平台。非油品业务在加油站发展，最早只是利用闲置场地增加盈利的自发行为，后来逐步被石油公司规范并统一开展业务。逐步由简单的业务组合实现商业模式升级，开启单边平台模式。这一阶段的特点，不论是自主开展的商品售卖、提供服务，还是场地（房屋）出租，都是根据业务契合度，以加油为焦点业务来进行，即只有一个共同的客户群体。

经过几年的发展，石油公司越来越认同非油业务实际是一种形式丰富、变化灵活、具有放大营销效果且隐蔽性极强的竞争手段。油品促销时，非油商品售卖数量也会随之增加。专程冲着非油新品、特价而来的客户，也乐意顺道加满油品。扩大任意单边的市场能够使对应的另一边市场也随之扩大，在一方促销中的投入，通常可以在另一方得到弥补。油非互促常态化，是单边平台升级为双边平台的重要标志。

平台模式改变了传统行业靠买卖赚差价的盈利方式，以及上下游博弈的恶性竞争关系。油品与非油商品并非简单的物理组合，而是化合反应式的融合，从而诞生全新的零售模式。

【案例】免费是双边或多边平台惯用的营销策略，如酒吧和舞厅通过“女士免费”的办法，吸引女士参与从而带动男士消费，与经济学意义的双边平台理念不谋而合。海洋公园“儿童免费”的做法既可通过带动父母陪同增加门票收入，又能从玩具售卖及餐饮等收费项目中获得利益补偿。

综合服务商并非大包大揽把全部事情做完，更不是关起门来自娱自乐。间接网络效应主要来自基础产品与辅助产品之间技术上的辅助性，这种辅助性导致了产品需求上的相互依赖性。“当某种产品的使用者增加时，他的互补品会更加丰富，价格会更低。”这种依赖使基础产品和辅助产品无法单独为消费者和用户带来效用，用户从基础产品中所能获得的效用依赖于该产品的辅助产品的数量和质量。基础产品的销售量越大，则与之配套的辅助产品的需求就越大，辅助产品的种类就越多，用户使用该基础产品所获得的效用就越大。间接网络效应带动指数级增长的流量和机会，调动供应方的积极性，不断增加生态圈黏性。这种关系被称为硬件/软件范式，应当为当前成品油零售业油非关系所借鉴参考。

不同业态交互所发挥的引流作用，如果用线条表示出来，一对一的两个点连接只能构成一条线，3个点构成3条线，4个点可连接的线已经增加到6条，5个点则达到10条，以此类推。线条越密集，客户流量越大，交易的机会越多。

双边平台进一步扩展为多边平台之后，异业合作由此成为重要标志，专业的人做专业的事，异业合作的数量和质量成为衡量业务的标准。

22.3 重新定义实体平台

过去，成品油零售连锁经营所形成的实体平台价值被严重低估，而这一情况正在得到改善，例如，中国石化易捷品牌最新的估值高达184.61亿元，换个角度看，易捷的品牌价值与其平台价值在某种程度上高度重合，几乎可以等同。

石油公司开展非油业务喜欢与便利店对标，而零售业偏好用“石油系”将其与普通便利店进行区分，并屡屡质疑其单店营业额和利润率不及行业水平，但非油零售并非“石油系”全部，而仅是其发展最早、门槛最低的业态之一。事实上，加油站便利店是零售市场细分出来的特殊子市场，由于口岸位置和服务对象的特殊性，“石油系零售”在功能分区、商品选品以及营销模式上与传统零售存在诸多差异，既具有一般零售的共性，也有子市场独有的个性，必须坚持特色进行错位竞争，拿“石油系”跟传统零售对比本身就不合理。

甚至，便利店不是加油站的必然选择，完全可以根据口岸特点选择最合适的业态。例如，CBD附近的加油站可以做成快餐店，医院周边的加油站可以开鲜花水果店，社区附近可以做快递收发点、洗衣店。跳出“加油站+便利店+X”的惯性思维，就变成了变成“加油站+X”，没有便利店，只有门店。“油”是主业，除此以外都可以变化，甚至不排除未来连主业也可以调整变化。

鉴于“石油系零售”的特殊性，重复普通便利店老路只会越走越窄，必须用平台思维的方式跳出“销量”“利润”的限制，创新模式，区隔出“石油系”专属的零售领域。

运作模式上，“石油系零售”必须与油形成联动。发力应主要来自加油端，加油与购物、洗车、就餐等非油服务联动起来，相互融合形成有机统一体，而不是各业态各自为政、简单罗列。

盈利模式上，“石油系”非油业务不能太看重利润指标。当副业与主业发生冲突的时候，必须让位于主业，各业态一盘棋总体算账，注重整体提升。

主要只服务于车主、SKU数量有限、不过度关注商品毛利，这种模式更适合于“付费会员制”。供应商付年费入驻实体平台，商品零毛利或低毛利（不高于5%）销售，成品油消费者付年费成为非油会员。由于普通便利店的毛利水平一般处于20%~30%之间，意味着“付费会员制”情况下商品的价格较市场平均价格低20%左右，势必改变竞争格局，吸引大量的车主成为“油非双会员”，实现双向引流。

至此，“石油系”不再是传统零售商赚差价的模式，而是以会员年费作为核心收入来源。“油”是刚需，“石油系”坐拥国内最大的成品油零售终端，得益于“油非双向补贴”的强大威力，新的营销模式逐渐成形，新的消费习惯也将逐步养成。

22.4 战略源自战术

什么样的定位决定采用什么样的战略形式，比如综合服务商的定位决定了油非互促常态化战略。这一战略在批零价差大的时候容易达成共识，并得到具体的战术运用；一旦差价缩小，要不要搞油非互促就会产生争议。

战略应源自实际可行的战术，否则便不具备操作性。尽管战略不受具体目标的局限，但必须经过多数战术胜利的累积才能转换为战略优势。

国内成品油零售与其他商业竞争不同，因为网点的分布具有区域性，相对优势或劣势具有地域限制，因此战术运用的范围被分割为极小单元，这是开展“一站一策”最重要的原因之一。

其次，兵力优势原则不完全适用，在几大石油公司之间，即便竞争实力悬殊，仍然可能直接发动进攻战，其调动的资源可以从市公司甚至省公司，直面竞争的往往是几大石油公司的实力比拼，占据相对优势一方特别要摒弃被动防御的思想，被动就要挨打。

战术是当下，战略是未来。战术主导一时输赢，战略决定最终成败。管理者必须能兼顾现在与未来，目前所做的工作直接决定未来的成就，而对未来成就所做的工作，也深刻地影响着目前的成就。压缩油非互动的费用投入，如同生产企业减少产品研发经费、缩减培训开支，固然会减少当前绩效的压力，但是对未来却会产生负面影响。

油品只是生态圈中的普通商品，目前或许担负焦点业务的角色，从长远看，这种能力正在慢慢弱化，坚持油非共融互促的平台战略或许是新阶段取得成功的不二选择。

零售运营实务

影响加油站销量的因素很多，本章主要从口岸、功能布局、硬件设施、标识标线以及指挥引导几个方面交流加油站在实际工作中改善进站率、加满率、通过率、回头率以及带动率的具体做法。

大部分做法来自各地“两微”（微投资、微改造）经验，这是一项应当长期坚持的工作，一方面集思广益，逐步养成企业内创造性开展工作的良好氛围；另一方面内部挖潜，是一个很好的练兵方式。

第23讲 选择一个好口岸

成品油零售行业有个说法，加油站营销除了口岸还是口岸，其重要性不言而喻。商业黄金口岸所形成的先天优势，往往是后天努力所难以企及的，一块好的加油站建设用地在竞拍中通常能够拍出高价。

23.1 流量为王

口岸价值主要体现在客流量，也就是最接近多数消费群体的场所。一个口岸是否具有投资价值，可以根据车流量直接进行测算（见表2），再参考同类口岸经营业绩，具有较强的操作性。

表2　站点车流量、加油量数据

栏　目	车流量			进站率/%			加油车辆数			单次加油量/升	汽油率/%	加油量/升		
	合计	顺行	逆行	平均	顺行	逆行	合计	顺行	逆行			合计	汽油	柴油
卡车	1880	948	932	4.25	5	3.5	80	47	33	100	0%	8002		8002
客车	248	125	123	3.25	4	2.5	8	5	3	80	0%	646		646
轿车（不含出租车）	3831	1932	1899	5	6.5	3.5	192	126	66	30	95%	5761	5761	
出租车	381	192	189	1	1	0	2	2	0	5	100%	10	10	
摩托车/机动三轮车	1322	667	655	3.5	5	2	46	33	13	5	95%	232	232	
合计	7662	3864	3798	4.3	5.5	3	329	213	115			14651	6003	8648

计算公式为：理论销量 = $\sum$ 车流量 × 进站率 × 单次加油量。为了排除异常值影响，可采集沿线多个样本值测算平均值进行比对。评判一个站点是否具有增量潜力、值不值得投资改造，也用同样的标准。

车辆出行具有一定时间性，单独一个时段的流量不具有代表性，需要兼顾峰、平、谷各个时段，以取得相对准确的数据；加油站分布密度和竞争程度会直接影响进站率，间距越大、竞争越小，进站率越高，比如在人烟稀少地区驾驶员预防性加油购物的冲动会更强。

顺行和逆行车辆进站率差别很大，特别是在安装了隔离栏（带）或画双实线的道路上，基本不用考虑逆行车辆进站的可能性。业内通常把进站率确定在2%~3%之间，口岸位置特殊的站点有可能超过5%；油箱容积（空容量）直接影响加油量，不同车型的消费习惯也各有差异，可以参考大车80升/辆、小车30升/辆的标准进行测算。

上述测算标准偏保守，既可以用于新建站或存量站收购等投资测算，还可以用来评估实际经营效果。如果数据真实可靠而实际销量仍低于理论值，说明口岸价值发挥不充分，具有挖潜空间，值得进一步投入资源。

23.2 谨防假口岸

流量代表机会，意味着触达客户、建立连接和实现销售的可能。细究人车流动无非五种关系或原因：一是行政管辖；二是商业往来；三是旅游度假；四是走亲访友；五是其他原因，如路过等。加油站口岸位置是否处于行政中心、工矿企业、商住集中区及风景区或交通枢纽，直接决定车流量大小。

流量转换需要具备一定条件，表面热闹却不能转换为真实购买的俗称假口岸。想要避开流量陷阱，以下几种情况要注意：

第一是高速公路进出口的差异。尽管车流量基本相当，但高速公路入口站销量普遍大于出口站。为什么会存在这种差异呢?

我国有个成语叫“车水马龙”，即车像流水、马如游龙，形容来往车马很多、连续不断的热闹情景。车辆出行类似水的流动，其源头谓之“上水”。古时候，人们把上风上水看作风水宝地，此类口岸自然生意兴隆、财源广进。这并非迷信，而是“出行”意味着刚刚开始，欲行千里而先备足“粮草”。从客户心理看，出行过程充满未知，也需有备而无患；而“返程”意味着旅行结束，即将休整停歇，加之归家心切，只要不是太急迫的需求，都可以暂时压抑或延迟。

出行和返程的需求本身存在差异，源于消费心理各不相同，这种情况延伸到国省道等线性市场也同样适用。

第二是竞争激烈区域。商业具有聚集效应，日常生活中经常见到同业“扎堆”，这是由于产业和经济活动在空间上集中会产生一种向心力，吸引经济活动向一定地区靠近，经济效果随之被放大。由于消费带动、节约社会成本、形成集聚区区位品牌以及知识外溢等原因，形成诸如硅谷、商业区、金融中心以及美食街等商业网点密度和专业化程度很高的商业经营场所。

对于加油站来说，一个车流量大的好口岸，由于普遍看好的“趋同性”，也会在道路沿线形成同业聚集。但是，这种聚集非但不能引流，反而造成同业竞争以及客户分流。这又是一个“大家看好的往往不好”的“逆向翻船”案例。碰到这种情况，倒不如退而求其次来得明智。

密集选址有利于形成区域相对优势，从而进入客户心智。车辆固有的流

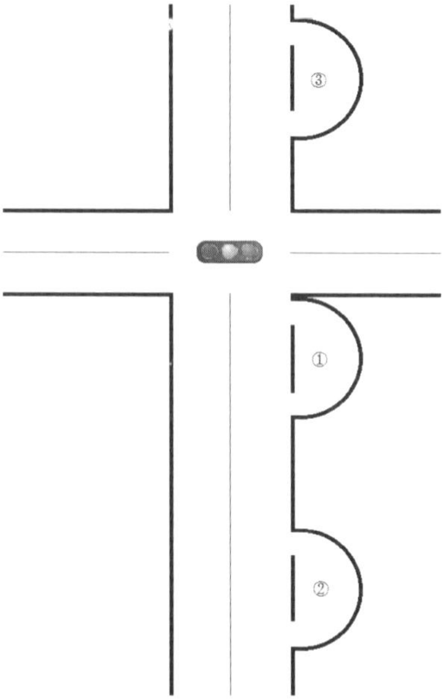

图6　十字路口不同的站点位置

动性特点，决定了加油站单体经营的局限性，但密集选址可能造成企业规模膨胀而产生“规模不经济”问题。因此，连点成线、连线成片，这个“点”不是站点，而是节点。是指从主要出发地开始，距离契合车辆加油补油需求，满足司乘人员休息停靠等生理需求的时间间隔。完全覆盖显然做不到，或者需要付出的成本超过获得的回报，只要车辆流动不超越网络覆盖的有效范围，消费就基本被锁定。

第三是车流量较大的十字路口。假设站点在道路同侧，品牌、管理也没有差异，位置分别为红绿灯前离路口近的①号站、较远的②号站，以及红绿灯后的③号站（如图6）。销量关系通常为③＞②＞①，原因很简单：绿灯时大多数客户会优先选择通过路口，而红灯时站口经常被等候通行的车辆堵死。

第四是弯道站点。处于内弯的站点视野开阔、曝光度高，过往车辆很远就能看见，一般被视为建设加油站的风水宝地。事实上，规范的路面建设势必外高内低，如果弯道半径小，车速很难慢下来，急弯进站也容易发生事故。

第五是坡道站点。坡道上行路段的加油站，一些载重大车达到进站口位置时正冒着黑烟缓慢爬行，此时右转进站加油可能是一个很艰难的选择，更何况加完油又得重新起步上坡；处于坡道下行的加油站，由于车速较快，安全存在很大隐患。有的站点总是发生货车擦挂罩棚立柱、挂倒加油机等事故，状况层出不穷，跟所处的位置很有关系。笔者曾见某过下坡外弯处的加油站，站口放了不少石墩，估计车辆直接冲进站内的事情发生过不止一起。

23.3 曝光度的重要性

假口岸有先天性的原因，也有后天管理不善造成的。防止流量陷阱，特别是防止由于后天原因造成的口岸贬值，必须站在消费者的角度做好细节管理，为车辆进站提供最大的便捷，使口岸价值最大化。

与行商相比，坐商最大的劣势在于被动等客上门，建立连接的发起方在于客户。采用电话拜访、寄递邮件、推送信息等方式进行营销传播，这些方式能够增加外部曝光，但仅限于心智层面的感知。当客户真正需要购买的时候，必须建立触点、提供途径。

实体门店首先要做到与客户面对面。假设驾驶员在道路上以60码的速度行驶，每秒驶过的距离就达到16米，从看见加油站明显标识到进站，驾驶员需要3~5秒的反应时间，包括减速、避让车辆及变道，这个过程中车辆行驶的距离专业术语叫“停车视距”。也即从司机的角度观察，必须在合适距离做出相应的动作，才能顺利进入加油站。

停车视距St由三部分组成：驾驶员反应时间内行驶的距离S_1，开始制动汽车到汽车完全停止所行驶距离S_2，再加上5～10米的安全距离S_0，计算公式为：$St=S_1+S_2+S_0$。

以设计时速为60公里的二级公路为例，停车视距参考值为75米，当道路上行驶的车辆不能及时观察到加油站，就不能在确保安全的情况下顺利进站。由于加油站分布的密度本来就很大、可选择范围广泛，驾驶员错过时机就不会返回，而是继续寻找下一个站点。这种视觉刺激需要考虑大小及颜色对比保持足够的醒目度，能与周边建筑、树木明显区分开来，使刺激强度高于一定阈值，确保视觉可靠地发生。为简化运用，道路状况、设计时速与停车视距的关系可直接查阅相关资料获得（见表3）。

表3　不同道路的停车视距

高速公路、一级公路停车视距

设计速度/（公里/小时）	120	100	80	60
停车视距	210	160	110	75

二、三、四级公路停车视距、会车视距与超车视距

设计速度/（公里/小时）	80	60	40	30	20
停车视距/米	110	75	40	30	20

此外，道路涉及弯道、纵坡及平面交叉口，停车视距相应增加，亦可直接查阅获得（见表4）。

表4 下坡段货车停车视距 米

纵坡度/%	设计速度/（公里/小时）						
	120	100	80	60	40	30	20
0	245	180	125	85	50	35	20
3	265	190	130	89	50	35	20
4	273	195	132	91	50	35	20
5		200	136	93	50	35	20
6			139	95	50	35	20
7				97	50	35	20
8						35	20
9							20

这种特殊情况要求加油站必须具有较强的曝光度，易于被驾驶员所识别，安装品牌柱（或标志柱）的作用也在于此。

现代城市建设对环境要求越来越高，加油站前往往需要预留10~30米作为绿化用地，使得加油站纵深增加，或者由于本身地势原因造成加油站罩棚被绿植、山体或其他建筑物等遮挡，此时，选择适当的位置安装品牌柱显得特别重要。

品牌柱安装位置一般为加油站正面临街处、进站口，特殊情况下也可安装在出站口以及道路对面等非常规位置，以车辆正常行驶能提前观察到为准。

跟站点建设相比，品牌柱多数时候被当作附加的装饰而不受重视。零售部门参与站点建设的前期工作不够、程度不深，或者话语权不足，基建部门及施工单位为了节约费用或图简单省事，注重了表面形式而忽略了实用功能，没有从驾驶员的角度去观察和考虑并确定品牌柱安装位置，使品牌柱沦为摆设。每每见到这种“藏在深山无人识”的站点，就忍不住惋惜，特别应当批判所谓“节约”，相比动辄上千万的投资，节约这点小钱实在是本末倒置。

23.4 增加曝光度的几种方法

增加曝光度必须根据站点实际情况因地制宜，充分调动各种资源，针对问题灵活变动，务求实效。

（1）**增设道路指示牌。**道路指示牌相当于路引，对不熟悉情况的外地驾驶员非常管用，适用于国省道或旅游城市。尽管有导航等信息手段，但驾驶过程中受到诸多限制，及时地给予交通提示，大多数驾驶员会将其作为首选参考。为了准确提示，应根据道路状况及允许通行速度，设置一块或数块，如前方“两百米”“前方一百米”“前方五十米”进行引导。由于道路交叉或路段复杂，还应尽可能进行明确指示，必要时双向设置路引。当存在竞争对手时，路引也有暗示客户可做其他选择的作用，及时进行消费引导。

根据道路交通指示牌规格确定大小及相关规定，行政部门一般会统一制作，并与其他道路交通标识统一制式。

（2）**行道修枝。**一般适用于加油站被高大树木和茂密枝叶所遮挡、掩盖的情况，对加油站进口前方和正面树木进行修枝，修枝不能到达效果的，可协调相关部门进行移植，改种小型灌木或花木。

树木移植的难度一般较修剪大，确需树木移植的，可以自费改种档次较高的花木、提升道路城市形象为由申请，获批的可能性更大。也可用防雷击、防树木倒压等理由，或者从消防或交通安全等角度进行交涉。

（3）**品牌柱移位。**适用于加油站罩棚檐口边缘距离道路纵深较深，站前绿化带较宽或品牌柱初始位置安装不当等情况。例如，某站位于省道主干并毗邻城镇，过往车流量较大，却因为站前有一条较宽水沟，罩棚檐口距离道路纵深较深，加油站被前方房屋完全遮挡，车辆进站率极低。实施品牌柱移位后，该站日均销量增加1吨，增幅51%。

（4）**设置道旗。**适用于加油站被遮挡，或罩棚檐口、品牌柱与周边建筑颜色过于接近不易识别等情况。可于临街花台边缘等位置设置道旗，以强烈的色彩反差吸引注意力，在增加曝光度方面起到辅助作用。旅游城市及风景区对广告管制较为严格，固定式道旗宣传内容可与城市形象、公益广告等进行结合；移动式道旗主要在节假日、特殊纪念日等临时使用，需提前协调城管等相关部门，说明情况。

道旗一般在加油站正面或进出口成排设置。固定式道旗采用亚克力等硬质材料，双面印制宣传内容，并采用单柱或双柱安装固定；移动式道旗底座装水、填沙要满足抗风需要，尽量放置在避风处，或予以辅助固定防止倾倒。道旗的特点在于方便灵活，费用较低。可突破品牌柱安装的诸多限制，充分利用各种可利用的空间进行宣传展示。

由于色彩近似或建筑、广告密集，驾驶员会引起视觉疲劳，产生“视而不见”的现象，即刺激强度低于绝对阈限。此时必须增加刺激强度，如强烈的光线和色彩、飘动的彩旗，才能引起驾驶员的注意。类似的做法还有花台轮廓灯、Logo景观造型等方法。

所谓“一站一策”，就是尽可能根据自身地理位置、场地条件、道路情况、竞争状况，充分利用可利用资源进行宣传引导，不局限于以上具体方式。通常包括墙面屋顶标识，适用于加油站围墙、站房位置特殊等情况，于站房侧面、背面及屋顶制作大面积醒目标识，可发挥意料之外的效果。

第24讲

布局与动线

“场”作为零售三要素之一，并不仅仅是口岸这么简单。场地面积始终有限，业者希望尽可能满足更多客户的需求，要求每一坪场地、每一台设备以及现场的每一个工作人员发挥最大效能，把运营效率提升到极致。

影响效率的最大原因是无序。以高速公路莫名堵车为例，沿线既没修路、也没发生交通事故，车流量过大就会停停走走，发生莫名其妙的堵车。经研究发现，问题出在车辆之间的速度差异，这种差异打乱了通行节奏引发连锁反应，一个刹车就会让后续车辆接连减速，速度越来越慢，最终变成了堵车，这种现象被称为“交通冲击波”。反之，哪怕高速车流很大、车速很慢，只要大家都保持车速一致，就能畅通无阻。

加油现场也是如此，如何做到忙而有序正是管理关注的重点。

24.1 交通管理带来的启示

经常在市区开车，免不了遭受交通拥堵的困扰，这已经变成了普遍的现代“城市病”。为了解决“交通危机”，各地不断尝试新的管理方法来提高通行效率。

车多未必一定堵，以成都为例：截至2017年小汽车保有量为452万辆，排名全国第二，仅次于北京，成都的拥堵指数却在20名之后，列第21位。其中有什么奥秘呢？

首先是城市的功能布局起到决定性作用。由于市政府南迁，新建的CBD集中在高新南区，在一定程度上缓解了市中心的交通压力。在交通繁忙的三环路，早高峰集中在自西向南，晚高峰则出现在自南向西，城市的功能布局决定了车辆流向。

第二个关键因素是公共交通便捷度和道路分布状况。便捷的立体公共交通体系能够一部分替代和减少私家车出行，高架、下穿、全程无红绿灯的快速通道，立体道路构成城市交通主动脉，中小街道充分发挥毛细血管分流作用。成都的道路分布四通八达，环线之多可以媲美北京，道路格局传说最早沿自诸葛武侯的八阵图。

第三是道路标线标志。道路标线直接影响到车辆通行效率，早在2011年就有过“一条白线省下千万元道路拓宽费”的报道。红绿灯路口设置几条车道关系到储车量，“左转待行”和“直行待行”的作用与之类似，并且能够让车辆提前准备，减少反应时间，通行效率因此成倍提升。

第四是指挥系统。举个例子，“一路绿灯”的感觉实在太过畅快，这不能简单地归结为运气好，而是科学规划的结果。“绿波走廊”是在指定的交通线路上，信号控制机根据规定车速及路段距离计算并调整绿灯起始时间，以确保该车流到达每个路口时正好遇到“绿灯”。

更加先进、智慧的引导系统也开始应用。基于电子、计算机、网络和通信等现代技术，把人、车、路综合起来考虑，提前预报前方道路通行状况，引导道路使用者规划最优路径，减少车辆在道路上的逗留时间，及时禁行或解除限制，最终实现交通流在路网中各个路段上的合理分配。一旦发生系统不能处理的混乱状况，人工指挥快速就位，接管现场指挥权……

影响道路交通状况的条件很多，主要还是功能布局、硬件设施、通行规则以及指挥引导四个方面，与加油站运营管理有诸多共通之处，可以借鉴其解决方案应用到实际管理之中。

24.2 影响动线的因素

加油站一般分为加油区、营业区、油罐区和辅助生活区四个功能区域。按照传统的思路，主要根据场地大小和形状来布置，融入上述几个功能模块。现在则更多地融入了商业地产的理念，将油罐区置于车道之下、辅助生活区被弱化甚至取消，配电房和办公区置于二楼，场地用途优先满足商业功能，能够提供的服务也更加多样化。

最为重要的加油区，一般布局分为以下三种：

（1）**矩阵平行式布局**：这种布局方式曾大量采用，优点是加油棚面积大，利于遮风避雨。缺点是占地面积大，加油站车辆之间相互干扰的概率大，通过率相对较低。运用中，也有因场地面积限制，加油机布置为单排的，实际也属于矩阵平行式布局。

（2）**垂直通过式布局**：又称收费站通过式。由于城市供地限制等原因，这种方式以前主要适用于临街宽度不足、加油站纵深较深的情况。因为其动线简单、与车辆匹配的高效性，这种布局方式越来越被认同，得到广泛使用。

（3）**斜岛式布局**：斜岛式布局实际是带角度的通过式布局，仅应用于加油岛部分，解决加油站非对称开口或多个开口等情况。由于场地利用的有效性降低，一般采用单排通过式布局，实际中矩阵布局使用斜岛的案例较为少见。

随着悬挂式、吊装式加油机的推广应用，加油站空间布局得到最大限度的优化，加油岛也将随着传统立式加油机逐步退出历史舞台。

加油现场布局应当便于车辆进出，一般不建议站房修建在进站口来车方向，这样对加油现场形成遮挡，降低曝光度。不同车型客户选用油品不同，布局要尽可能简洁、流畅，车辆与加油机位能够快速匹配。大多数站点并不十分关注车流动线问题，即便是现场拥堵，也并不觉得有什么不妥。反而是一些地形、场地先天不足的站点，在这方面做得更加到位。

【案例】某站地处繁华市区，口岸位置优越，不过城市道路改造只给该站留下进出共用通道，车辆加油后在加油区穿行调头，降低场地使用效率，造成很大的缺陷。业主根据场地条件对车辆动线进行优化，调整功能分区布局：将油罐区置于车道下，站房后腾出空地进行硬化作为通道，业主车辆加油完毕无须调头，前行自站房后绕行一周出站，完美地实现了进出站车辆互不干扰（车辆动线示意如图7）。

现实之中，由于地形限制或道路改造等原因，车流动线已经发生改变，如果现场布局不相应调整，运营就会受到影响，这种影响有时候甚至是毁灭性的打击。

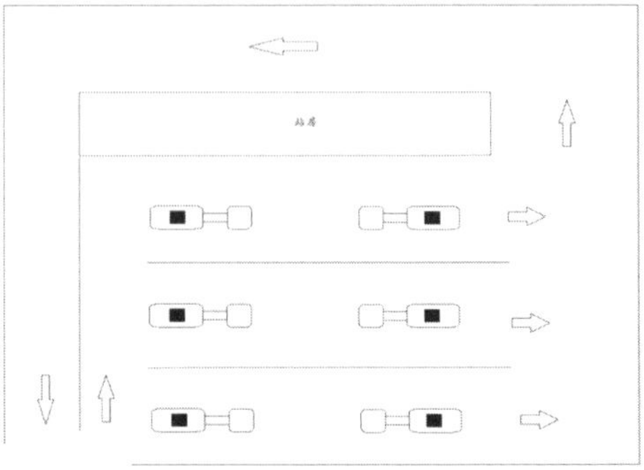

图7

在暂不具备大规模改造条件的时候，或者为了应对节假日等特殊时段车辆激增的场面，使用锥形桶、隔离栏等工具，临时调整车辆动线，被称为“可变车道”，也是非常适用的方法。

所谓可变车道，是在现场车道、泵岛间距具备一定条件时，使用锥形桶隔离分割车道，将传统矩阵平行式布局调整为垂直通过式布局的方法（如图8）。如果条件许可，还可进一步细分车道，变更为完全通过式车道。锥形桶、警戒线等辅助设施在现场使用较

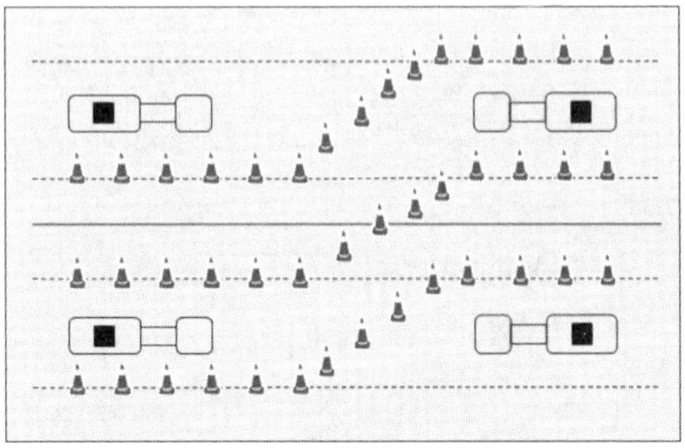

图8

为广泛，灵活使用能够大幅减少人工疏导的工作量。

加油站布局与销量有没有关系？答案是肯定的。合理布局基于营销目的，优先照顾和满足大多数客户的需求，要考虑特殊车型的实际情况，安排合理的位置，避免拥堵并减少加油枪空置，有效提高油枪利用率；配置的加油枪数要与市场需求相适应，进行最佳匹配。保持现场有序，实现车辆的快速就位、快速服务、快速通过。

在布局前，应当基于销量和结构预测，适应市场发展趋势，重点考虑以下四个方面：

（1）**品种品号选择。**足够丰富的商品种类或同一种商品不同规格和价位的商品线是满足不同客户需求的基础，由于成品油的同质性较高，油品储存数量对应等级要求的安全间距也有差别。不能达到全品种经营条件的，应根据实际情况选择合适的品种品号，以达到经营绩效最优。是否经营某品种、品号油品应采用经济和孰优原则：一是某品号销量低于一定数量标准（如日均1吨），或周边站点可替代的，可予放弃。如某些城市型站点取消柴油销售；二是放弃该品号所损失的销量利益低于改换其他品号所获得的销量和利益，且属于未来消费趋势将淘汰的品号，如前些年取消90号汽油。

（2）品号布局。一般而言，客货运输等大型车辆主要以加注柴油为主，考虑大车转弯半径问题，柴油机位通常安排在临路车道；高标号汽油品种应靠近便利店车道，利于司乘人员进店消费；同一车道应尽可能安排单一品种品号，而不必区分左右油箱，尤其车道较窄时，更应该避免不同品号车辆相互干扰；同一车道确需布置多个品种时，加油枪数最少的品种应靠近出站口一端，优先照顾多数。

省城主城区特别是高档繁华区高标号需求逐渐成为主流，在车道较窄的情况下布置双品号，且95号汽油枪布局在出站口，是降低油枪有效使用率的原因。

（3）**加油枪配备数量。**主要根据高峰时段加油车次及耗时测算，新建站可参考同类型站点销量情况，也可以根据预估销量进行测算。

例一：某站92号汽油早晚高峰期平均加油车次100辆/小时，平均耗时3分钟。计算如下：

高峰时段92号汽油加油总耗时：3×100=300分钟

所需加油枪数：300÷60=5支

根据总枪数及其他品号销量情况，合理确定92号加油枪数为5~6支。

例二：某站92号汽油日均销量15000升，单车平均加油35升、耗时2.5分钟。测算如下：

白天高峰期3小时集中加油量占比约70%：15000×70%=10500升

高峰期加油车次：10500÷35÷3=100车次

单台加油枪最大工效：60÷3=20车次

所需枪数：100÷20=5支

根据总枪数及其他品号销量情况，合理确定92号加油枪数为5~6支。

（4）**车位排列**。停车位的安排可根据具体情况，按照一把加油枪对应一个停车位，也可采用一把加油枪对应两个停车位的方式。当前车加油时，后车已经提前就位，有利于提高现场服务效率。

特殊情况下还可以采用两把枪对应三个车位的方式，即前后加油枪可兼顾中间车位，无论前后枪谁先服务完毕，均可为中间车位加油。如两个车位均在加油，则有利于第三辆车提前就位。

具体实施时，车位布局应根据实际情况灵活调整，如出口处转弯半径限制而采用"厂"字型布局，六枪机或加油机间距不足还可采用斜线呈鱼骨型布局等，使加油枪的利用率达到最高。

孖耳车位。在经营的油品品号当中，由于市场需求一直下降，目前尚具有一定的绝对量暂时不能舍弃，可参考孖耳车位的做法。"孖耳"在俗语中为额外多出来的小耳朵，借指在正常车位之外另辟车位，通过地面开槽、加油管从地面开槽下穿等办法，类似于立体交通的做法，实现加油、通行互不干扰的目的。

【案例】某站汽油日均销量15吨，连年增幅超过20%，高峰期车辆排队拥堵。大型客货车辆特别是拖挂车辆长度达到12~18米，而加油站建设规范立柱间距不超过15米，即一辆大车最少要占用两台加油机位，且加油耗时较长，造成加油枪空闲，日均损失2吨柴油，改为纯汽油站也甚可惜。孖耳车位既保留了柴油品种，汽油车拥堵状况也得到缓解。

24.3 引导标识

通常，在一个标线清楚的停车场，车辆都会依序停放；如果去掉这些标线，车辆停放的角度、间距则会显得随心所欲，造成极大的浪费。多数人内心都有规则意识，当规则消失，就会让人无所适从，于是状况变得混乱无序。

地面以不同颜色标注分区，引导客户将车辆准确停放在最合理加油位置。材料一般选用地板漆或环氧地板，地板漆具有防滑、耐磨等特点；环氧地板色彩绚丽、颜色多样，专门用于停车场，具有防滑、耐磨、防尘等特点。

简单的做法是用红色代表柴油，绿色代表汽油。由于国V标准的汽油品号较多，可增加使用蓝色、黄色等颜色。同一车位可加注两种油品时，用对应的两种颜色进行标识，边框均采用白色。采用多种颜色时应避免过于花哨，让客户无所适从，失去设计初衷。

大小：参考标准停车位尺寸，小车位（汽油）长度一般为5.5~6米，宽度2.5米；大车位（柴油）长度一般为10~15米，宽度4米。具体应根据加油站场地、加油机间距确定实际尺寸。边框宽度根据车位大小控制在60~80毫米。

间距：即车位与车位直接根据现场实际情况合理确定间距，最少应保持300毫米，不推荐将相同颜色的车位连在一起，将加油位与过车道混为一体。

地面标识：即彩色地面上用白色标注油品品名。

厚度：一般为0.5~3毫米。

（1）**车位编号**。分品种按照从出口往入口方向、由里而外顺序编号。车位编号既是对加油员引车的明示，也是对驾驶员的依序停车加油的暗示。出口优先有利于保持现场有序，减少拥堵。由里而外有利于减少员工跑动，也便于驾驶员进店消费。

（2）**停车感应线**。为了提高客户感知，地面设置凸起的停车感应线，帮助客户准确停放在指定加油位置。

（3）**油箱定位标识。**又称加油枪点位标识，画于车道外侧，主要用于对反向油箱进行定位。为反向油箱加注油品时，加油胶管需要从车头或车尾绕过，为了防止车辆停放位置不当造成胶管长度不足。通常由加油员根据经验判断位置，油箱定位标识可有效解决这一问题。具体应用时，加油员观察引车位置，油箱口与地面标识对齐，即可保证胶管长度足以正常加油。

（4）**立体分道标识。**即在驾驶员正常视线范围内多点设置引导标识，充分利用客户的自适应性，帮助客户及时准确地寻找并停靠在合理加油车位。

分道标识设置高度一般不高于2米、不低于1.4米，便于驾驶员以坐姿仰视，通常将立柱作为分道标识设置的主要区域。实际操作中，某些加油站参照银行柜台设置的分道标识较为明显，易于客户发现识别，具有较强的实用性。防撞柱等部位由于位置限制，通常仅设置各种辅助标识。

近年，各大石油公司纷纷试水智慧加油站，通过技术手段优化营运效率。如：自动识别进站车辆的车牌，判断是否老顾客，如有消费经历，则后台将大数据分析结果推送到现场，由灯光信号及语音引导车辆就位，服务人员有针对性地推荐营销活动及商品。

正如影响交通管理的因素一样，在合理布局的基础之上，还需要硬件设施、标志标线以及指挥引导的配合，尤其在现场繁忙拥堵的时候，系统毕竟不能取代人工引导。

第25讲

进出口是个大问题

客户过门而不入，大多数时候企业会在商品和服务上找原因，反思营销活动是不是不足以吸引客户。其实问题可能没有想象的复杂，如果排除曝光度问题，最大可能就是进出口存在问题了。

25.1 几种“门槛”

“门槛高”常被用来形容条件苛刻、态度生硬而让人难以接近，比如用来批判“门难进、脸难看、事难办”的衙门作风。车辆通行主要受制于道路的“可通过性”和“可转向性”，即转弯半径及坡度。由于加油站进出口存在角度、宽度、坡度缺陷，地面具有坑洼不平等细节问题，成为拒客户于门外的隐形门槛。

如果从高处垂直观察车辆转弯时的状态，就会发现：转弯车辆是以内侧后轮为支点进行移动的，前后车轮驶过的轨迹具有差异。车辆转弯时内前轮转弯半径与内后轮转弯半径之差称为“内轮差”，车身越长，转弯幅度越大，形成的内轮差越大。小型车最多可以产生接近0.6米的内轮差，而大货车内轮差高达1.5~2米。按照《汽车加油加气站设计与施工规范》（GB 50156—2012）站内平面布置规定：站内的道路转弯半径按行驶车型确定，且不宜小于9米。转弯半径满足大型客货车辆通行要求，即可覆盖小型车需求。

车辆通过各种路况克服障碍的能力称为“通过性”，相比之下，小车的通过性明显次于大车。由于地面坑洼不平或坡度过大，车辆的前端、中间、车尾触碰到地面，造成汽车无法通过，这种现象称为“间隙失效”，根据具体情况的不同分别叫作触头、顶起和托尾失效。

针对小车以上特点，《汽车加油加气站设计与施工规范》（GB 50156—2012）要求：站内停车位应为平坡，道路坡度不应大于8%，且宜坡向站外。这项措施既利于雨水排放，也促使车辆减速进站，更加安全。

由于地势地形限制及道路改造等原因，加油站进出口缺陷主要有以下几种情况：

（1）“直来直去”缺乏角度。进出站通道没有形成喇叭口，与加油区几乎垂直。造成车辆进站不方便，尤其是大型车辆转弯半径不足，需要来回倒车才能停靠在合适的加油位。而且加油站站前花台在设计上大多采用直角，车辆不易通过或后轮容易产生磕碰，甚至引发事故。

（2）进出口细长狭窄，宽度不够。如果司机驾车疾驶而来，即便油站视线良好，但从远处就是看不见路口，稍不留意会就“跑过去”。由于道路狭窄，一些大型载重车辆根本拐不进去，形成“瓶颈”。

（3）加油站过于临路，缺乏纵深。常见大型货车长度可达18米，加油站临路距离过近，虽然视野开阔有利于车辆进站，如果宽度不足或加油区过于靠近进站口，大型车辆进站加油时，要么进口第一台加油机位被闲置浪费，要么入口被长长的车尾堵住，后面的车辆不能进站。

（4）站内地面与站前道路落差过大。如果外向坡度太大，车辆进站需要爬坡，须知货车司机对油耗都非常敏感；如果内向坡度太大，车辆进站需要紧踩刹车，倘若迎面正对加油机或罩棚立柱，现场发生安全事故的概率很高。而对于小车，坡度太大直接影响通过性，甚至可能损坏车辆引起纠纷。

（5）地面坑洼不平。尽管并不影响实际通过性，却给客户留下不好的第一印象。不仅车辆进出颠簸难受，一到下雨天，积水污损车辆也在所难免。

（6）高度受限。常见货车中，装车总高度从地到顶4米为不超高，允许的极限高度为4.7米。由于树木及其他构筑物位置不当形成狭小门洞，或者进出口架空电线、通信线横跨高度不足，也影响车辆进出。

25.2 几招去掉“门槛”

据统计，客户选择加油站的原因，便捷性占比约为30%。而便捷性并不仅仅是距离，路况好坏、红绿灯多少、交通管理宽严程度都会考虑在内，进出加油站是否方便也是影响因素之一，或者称“便捷性”为“易得性”更为妥当。

由于地形、地貌所形成的先天缺陷应当尽量通过后期的设计予以弥补，因此设计建站的时候，需要特别重视车辆动线，充分考虑各种车型的加油需求。已经存在的“门槛”，则只能通过“微投资”“微改造”来处理。

（1）如果条件允许，可以拓宽进出通道或增加开口角度。大车的通过性由“最小转弯直径”和“内轮差”两个指标来衡量（如图9）。为了方便大型车辆进出，加油站开口角度最好呈外八字形，避免“直角弯”“回头弯”；当开口角度不能满足需求时，应拓宽开口及道路宽度。如果以上方案不具备实施条件，可以拓宽进出通道两端的转向点，即进出通道与站外道路、进出通道与加油区连接处，或者通过地面画线等方式对转弯车辆进行引导、采用延长加油胶管等办法进行辅助。

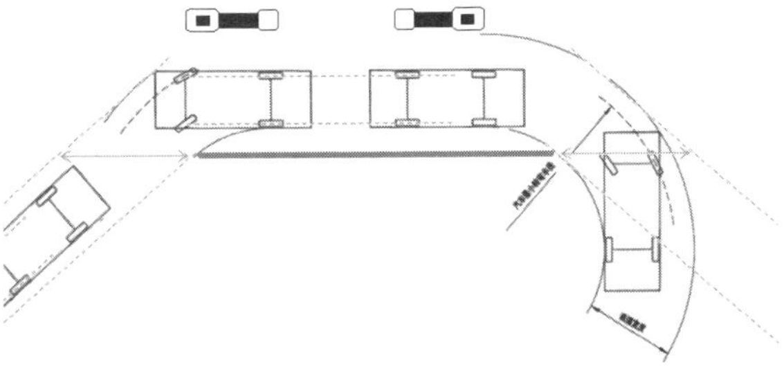

图9

（2）移除进出口障碍物。进出口应保持通畅，不能形成“门洞”，影响车辆进出并存在安全隐患。常见障碍物包括：花台、电线杆、花草树木以及安装位置不当的品牌柱、指示牌等。有一个简单的方法，即现场观察车辆进出站是否顺畅，如果确实存在问题，通过进一步观察车辆留下的车辙、轮胎碾过未硬化的地面、在花台边缘留下的擦痕，“车过得多了也就成了路”，这些痕迹就是微改造、微处理的最佳方案。

【案例】某站在修建时，由于站前密植一排行道树，品牌柱找不到合适的安装位置。为了解决这个“问题”，基建部门将品牌柱安装在进站口位置，同时将花台顺势扩建为横“L”形，以保护品牌柱不被车辆擦挂碰撞。车辆进站需转两个直角弯，大型货车无法通行。

在加油站经营诊断活动中，这个“多余的”品牌柱被拆除，花台多出来的部分也一并切掉硬化为道路，车流动线终于顺畅了。

（3）降低进出口坡度。加油站与道路形成较大坡度，除设计时为了省钱之外，多数是由于站外道路历次维修、层层垫高所形成，不但影响车辆进出加油站，而且容易引起雨水倒灌形成内涝。最好的办法是对加油站地坪进行整体抬升，如果暂时不具备实施条件，应延长坡道、降低坡度。

（4）对于用双实线、栏杆、绿化带进行中间隔离的道路。在不存在安全隐患的情况下，应当尽量协调交管部门拆除中间隔离带或花台、改双实线为虚线，设左转或掉头标识，便于道路对侧的车辆进站加油。开口位置最好位于加油站正前方，宽度满足车辆调头，道路两侧设置提示牌或安装减速带。

商场、店铺特别重视出入口的装饰，这是影响顾客是否进店的第一印象。因此，“门脸”尤指有装饰的入口，同时，“门脸”也是商铺的别称。加油站进出口的装饰性不强，必须在功能性方面予以保障，这也是影响客户是否进站的关键因素。

第26讲 如何提升进站率

客人为什么不进来？答案只需倒过来问即可，客户为什么要进来？

解决了硬件上的问题，接下来就需要营造氛围，创意开展营销活动，迎合客户喜好，为达成交易进行铺垫。不同客户的关注点有所区别，帮助客户找到一个适当的消费理由，大致有以下几种。

26.1 消费的N个理由

加油站的站容站貌以及现场氛围是吸引客户进站消费的第一要素。在威尔·史密斯主演的影片《焦点》里面，观众会看到猎物如何一步步踏入陷阱，这个比喻很不恰当，现实中诱导处处存在，受众不知不觉受到诱导和感染而变成现实的客户。

仅2018年“双11”一天，天猫成交额便高达2135.5亿元，“剁手党们”总是一边纠结一边不断往“购物车”里添加商品。不论是网购还是逛商店，总感觉有控制不住的购买欲，不知不觉买上一大堆原本并无购买计划的商品。

这是为什么？

广告是最常见的刺激源，但客户本身也在买买买的纠结中不断寻找消费的正当理由：项目顺利收官、实现一单销售、受到上司赞赏、获得一笔奖金都成为“自我奖励式消费”的理由；便宜、以后用得上、别人都在买，则是消费后寻找心理平衡点。

不同客户的关注点不同，大致总结有以下几种：

（1）**占便宜。**商家吸引客户最常见的手段是打折促销，因为迎合了多数客户占便宜的心理。

【案例】日本东京银座绅士西装店曾使用“打1折”的噱头，活动第一天打9折，随着时间越往后折扣越低，直至打1折，但此时不能保证客户想买的商品还有。由于引起抢购，商品成交的价格往往高于6折即售罄。

（2）**侥幸。**这种心理根植于人性之中，赌博、彩票、钻法律空子都是由这种心理催生起来的。

【案例】香港有一家专营胶黏剂的商店，为了让新型“强力万能胶水”广为人知，店主用胶水把一枚金币粘在墙壁上，并宣称“谁能徒手把金币掰下来，金币就归谁所有”。一时间门庭若市，许多人费了九牛二虎之力仍然徒劳无功。有一位自诩力拔千钧的气功师专程赶来，结果也空手而归，强力万能胶水良好性能声名远播。

（3）**好奇。**制造悬念的营销手法在于利用客户的好奇心，高明的营销策划能够使客户感觉“好玩”，并主动转发推荐。

【案例】1997年12月28日，成都的主流报纸同时出现一个整版广告，上面只有两行字：据有关人士透露，定于12月31日成都的上空将有“雪花”。

于是人们奔走相告，大家都觉得奇怪，成都已经三年未下过雪了。第二天，仍然是整版的相同内容。有人忍不住给报社打电话咨询，尽管报社的人回答说那是广告，大多数的人还是不相信，非常关注这一天的到来

直到12月31日到来，整版的广告换成了四个大字：“雪花来了”，而这几个字的下面有两瓶放大的雪花啤酒。满城的大街小巷树上也都挂满了雪花的模型，走在街上的路人纷纷摘落。雪花模型打开后，则呈现六瓣，真的似雪，并且上面注明了电话，人们恍然大悟，都觉得好玩。而这一天，雪花啤酒正式拉开了进驻成都市场的序幕。

（4）**从众。**一是客户不希望自己掉队落伍，显得另类；二是担心吃亏上当，尽管这种担忧毫无理由，却增加心智交易成本，不愿因此而“冒险”。

【案例】鲍师傅最高排队7小时，喜茶平均排队2~3小时，杏花楼肉松青团排队6小时……在网红店铺排队购物已然成为一种时尚。日前，有媒体爆料称网红店铺存在雇托假排队的情况，对此，喜茶、鲍师傅分别回应称没有此事。业内人士表示，这也许是网红店铺融资后的一种迅速提升品牌和人气的手段。

还有黄牛表示“喜茶的投资很大，第一天一共聘请了300多人假排队”“七点多一大早，来福士还没开门就要站在门口，为了制造出强烈的视觉效果”“等中午真顾客来买的时候，就让出一些位置给他们购买”“假排队的人员构成很有讲究，有学生、有青年、有白领、有中年人，让人无法看破”“喜茶做了七天就达到效果了”。而这些套路也是“黄牛”们去捧红其他网红店的金科玉律。

（5）**害怕损失。**人们不会平等地看待损失和收益，相同金额的损失带给人的感受远远大于获得，以旧换新利用人们“规避损失”的心理，再度让客户从口袋里掏出钱来。“最后三天”等限时促销方法，也是基于相同心理。

26.2 现场服务

门庭冷落的原因很多时候在于细节不到位，比如站容站貌。很多员工认为就是个清洁卫生，脏一点客户也不会有明显感觉，这些小事因为分量太轻而不被引起重视。**越简单越容易被忽略，越基本越做不到位。**这些员工难以做到位的小事，却是客户很容易感知的细节，心理学称这种现象为“差别阈限”，必须让员工明白这个道理，从而自觉习惯站在客户的角度观察和思考问题。

免费服务天生就是引流利器。比如厕所，国内很多商场的厕所并不开放，这让人感觉不舒服，商家一方面想方设法引流拓客，一方面又自我封闭；实体店叫苦不迭，把电商当成最大的假想对手，其实是无视潜在客户需求酿成的苦果。肯德基和麦当劳等国外品牌就不同，非客户使用厕所也非常自然，没有任何人干预或不耐烦，所以成功有其必然性。

最关键一点：现场必须保持人员在位。

国人普遍还是倾向于人工服务，有人拿自助加油与银行ATM自助取款机或CRS自助存取款机作类比，认为假以时日自助加油也会普及，国外就普遍采用自助加油方式。自助加油在国内推广历时十余年却并不乐观，其中还是存在诸多实际问题及文化差异。

首先是监管部门以安全为由予以反对，进行阻止干涉。在大家印象当中，油品始终具有危险性，没有经过专业培训去操作容易引发事故；其次是效率问题，客户自助加油花费的时间大幅增加，在通过率要求极高的中心城区，由于效率降低减少的销量以及由此损失的利益远远超过人员薪酬；在国内开车代表身份和享受，大多数司机闻不惯刺鼻的汽油味，谁也不愿意用手去开“脏兮兮”的油箱盖、去握“油腻腻”的加油枪，而且加油时不小心就会在手上和衣服上染上汽油，操作不慎还会出现过满外溢或洒漏。

在加油机进一步升级为能够自动开启油箱盖并加注油品的“智能机器人”

之前，自助加油在国内推广还需时日，加油站必须保持人员在位。

人员在位包括两个层面，即员工在岗位、站长在现场。曝光度好、罩棚面积大的站点，加油员应处于进站口加油机位或醒目位置，可以安排专人在“入口处”候车道“迎客”，引导车辆。具备条件的站点还应通过举行交接班烘托氛围，增强仪式感。站长在现场重在“参与”，处理问题、规范服务、鼓舞士气，强化服务意识、改善团队关系。

人员站位可以参考定置化对人员进行定位，以第一时间应答客户、快速引导至合理位置为原则，现场服务人员优先定位于进站口，并根据引车顺序合理站位。中小型站点现场服务人员较少，规范服务应做到简洁简练、不疾而速，大中型站点现场服务人员较多，应做到配合有度、忙而有序。

领班是现场服务的总指挥、总调度，通常并不以加油操作为主，而是以指挥为主。可以定位于进站口1号位，负责引车。当现场繁忙时，领班参与加油作业，站经理应及时到场接替并履行领班现场指挥职责。

现场服务人员较少，引车需到位。一人引车到位要领是先“迎”后“引”，即先前迎一小步，再以正面+侧面手势引导，然后以小跑姿势带领车辆前行至出口机位加油，体现“跑笑迎唱送”五字服务要领。

两人或多人分工引车到位，引车人员既需要“迎”还需要“递”，用动作手势表示交接传递，让客户感觉受到引领。

26.3 人员配置标准

现场保持人员在位，那么加油站究竟应该配置多少人员才合适？

企业都有一套定岗定编的标准和办法，一般以相对均衡的劳动强度（销量）为定编依据。在此基础上，还会考虑销售结构及客户构成，柴油车的平均加油量远大于汽油车，乡镇农村网点销售汽油的对象主要是摩托车，同时，考虑口岸位置，孤立的站点会出于安全原因适当增编，另外设备设施条件、车流变化和营业时间也是需要综合考虑的因素。

尽管工作已经很细，不过这种方法仍然没有考虑站点本身布局的差异和员工身体素质以及劳动能力的区别。引入这些因素，可以进一步完善定编模型。

加油员主要工作任务是提枪加油，除此之外尚需往返于各个泵岛之间，照顾不同车辆以及进出营业室。不同站点的加油岛间距离以及与营业室的距离对加油员的劳动强度影响很大，定编时应充分考虑站间区别。

设定编数为D；年提枪总数为T；额定提枪次数为P；修正系数为M，则：$D=T\div P\times M$。其中：$M=\sqrt{\text{实际罩棚面积}\div\text{罩棚平均面积}}$（该系数计算方法仅作参考，尚需根据实际情况进行调整）。

例：某公司根据加油站平均提枪次数确定：每年额定提枪1.6万次/人，罩棚标准面积520m^2。某站年提枪次数8.72万次，罩棚面积1200m^2，试计算该站用工编制。

解：$D=T\div P\times M$

$=8.72\div 1.6\times\sqrt{1200\div 520}\approx 8$（未考虑便利店及充值发卡用工）。

如果进一步考虑因员工身体状况、性别差异等客观条件形成的劳动效率不同，则需增设条件。假设上述加油站男员工工作效率为女员工的1.3倍，实际用工时，根据加油站具体情况灵活搭配男女员工，参考以下几种配置：

$D_0=0\times 1.3+8$，即女员工8人；

$D_1=1\times 1.3+7$，即男员工1人、女员工7人；

$D_2=2\times 1.3+5$，即男员工2人、女员工5人；

$D_3=3\times 1.3+4$，即男员工3人、女员工4人；

$D_4=4\times 1.3+3$，即男员工4人、女员工3人；

$D_5=5\times 1.3+1$，即男员工5人、女员工1人；

$D_6=6\times 1.3+0$，即男员工6人、女员工0人。

实际操作中，可以通过计步器等辅助工具，以提枪服务的次数为基础，参考计步数核定劳动强度并简化计算。人员配置必须考虑安全管理的基本要求，兼顾员工生活、休息的需要，通过共享厨房灯方式精简辅助工种。

管理者必须精确地把握工作的质和量。需要几个人来做，这是量的问题；某个人的工作效率如何，这是质的问题。重视亲切服务的门店，更加关注服务态度等质的方面。

人员配置从紧还是从宽，表面上取决于经费管控，实际取决于对经营的支持态度。人员配置超前还是滞后，将逐步传导至经营，从而影响发展趋势。人员配置紧张，可能导致清洁做得不彻底、服务不够亲切、客户排队等候的时间变得更长。一味容忍和忽视没有到位的细节问题，时间长了就会影响经营。

人员配置上重量降质也不行，为了节省人工费而降低用人标准，结果聘用的人员做事效率不高、范围有限、服务态度也很生硬，只能继续增加人员配置。结果是薪酬总额并没有节省，但分配到个人的部分被稀释摊薄，员工收入下降连锁引发工作质量下降。因此，用不一样的人，就会带来不一样的业绩。

不同站点的客户构成不同，消费规律也有差异，城区站加油高峰在上下班时段，高速站节假日车流量最大，柴油车喜欢夜间行驶。现场服务人员数量必须随车流变化调整，做到人车匹配。人事部门真正应该管控的，是人力资源的闲置浪费，甄别出人员配置到底是“真紧张”，还是运营不合理造成的“假紧张”。如果是后者，就应该灵活运用大小班、机动班，采用对站和连片管理进行大轮班，做到人尽其用。

26.4 破解马太效应

客户心智具有从众性，对于人气不佳的地方往往持怀疑态度，担心商品以次充好、短斤少两或者服务态度不好，尽管这种担忧毫无理由，却因此增加心智交易成本，客户不会因此而“冒险”。

好的越来越好，差的越来越差，即为“马太效应”。马太效应形成恶性循环，对小微加油站极其不利，而有的中型加油站口岸位置本来不错，也因为缺乏人气，陷入被动而很难在短时间内扭转局面。

这种心理在餐饮业表现得更加淋漓尽致，顾客通常认为人气不佳的餐厅菜品味道不被认可，或者担忧菜品不新鲜，导致餐厅的生意越来越差，难以为继。

【小故事】笔者曾经亲历过一件趣事，有家餐厅经营不善无力偿还借款，眼看已经陷入破产边缘。为了降低损失，经协商由这家餐厅负责债权单位的员工餐及业务招待，以餐费抵减债务。

于是每到饭点的时候，几十号人便蜂拥而入开始抢占最好的位置，餐厅重新热闹起来。带动之下，上座率开始明显上升。又过了几个月，去得稍晚居然需要排队候座。于是饭店老板找过来，说是因为接待能力有限，先还上一部分款，商量不再提供员工餐了。

破解马太效应必须从调整观念开始，人为制造热销氛围改变现状，再利用马太效应实现良性循环。

销量偏低的小微加油站难以改观，多数情况下也是源于内部偏见：通常被认为缺乏改造价值，所以形象破败、设备老旧；由于销量贡献有限，即便给予营销政策也通常不能达到管理层预期的目标，因此营销僵化，从同一竞争平台上被挤掉；人员配置紧张，因为达不到人均劳效而被步步削减人手，正常的排班作业得不到保障，致使现场无人值守，一再错过进站车辆；收入愈来愈低，勉强留下来的人员也得过且过、士气低落。大多数小站并非先天不足，而是缘于自我放弃，经营趋势由好转坏逐步沦为小站，因此提前干预、扭转趋势至关重要。

（1）**持续的政策支持。**企业总是关心销量贡献大的那20%“短头”，而忽略数量占比高达80%的“长尾”，因为考核通常缺乏耐性，扭转趋势需要一个漫长的过程，而资源有限，一旦投入便要求立竿见影，达到理想效果。

零售经营很难通过开发一个大客户、策划一场大活动就一劳永逸地解决问题，需要抠细节、打持久战。破解小站的马太效应不能只停留在节日慰问以及运动式帮扶等表面文章，需要常态化开展政策扶持，在形象改造、设备维护、设施完善、人员配置、促销活动等各方面统筹兼顾。

公司督查和片区管理人员需要运用“扫描式”工作方法，对待问题反复抓、抓反复，防止旧病复发；扭转趋势持续抓、抓持续。督导的工作方式起源于美国，职能是检查各门店是否遵循总部的规则运行。铃木敏文先生却并不赞成这一主张，也并不赞成设立督导这一职位，取而代之以“经营顾问”，其核心职能则是帮助门店提升业绩。从本质上讲，石油公司零售网点仍然是连锁店，督查、巡查往往流于形式，给加油站添乱而不能解决问题，要么进一步强化其营销职能，要么干脆压缩管理层级，富余人员直接补充到经营一线。

（2）**激发员工热情。**人是生产力中最具决定性的力量，劳动关系是生产关系中最为重要的因素之一。选对合适的站经理算成功了一半，然而动辄数百万的资产运营完全依赖管理者的觉悟和素质，显然就是一场毫无把握的赌博。企业必须想办法改善关系，使员工个人目标与企业目标趋于一致。

（3）**必要的费用支持。**由于经济不景气、销售局面尚未取得突破以及销量处于盈亏平衡点以下时，管理层迫于盈利压力而不断削减小站经费，施行的结果往往连必有的经费也一并删除、必要的促销也一并停止，进而造成营业状况坠入因规模缩小而达成的平衡假象中，难以逃脱越来越差的恶性循环。

（4）**管理模式创新。**联量计酬是一种好的方向，却不够彻底，尤其对于小微站员工来讲，怎么干都难以突破盈亏平衡线，只能满足于最低标准的薪酬待遇，激励作用不大。

任何人都只愿为自己的决定负责，而不愿为别人的错误埋单。如何定价、促销、用什么方法吸引客户进站，只有清楚所有状况并深度参与其中，充分自主才能调动员工的热情。阿米巴经营模式通过尽可能地公开企业信息，营造全体员工主动积极参与经营的氛围，体现“人人都是经营者”这一经营原则，最终使全体员工共同参与经营成为可能。当阿米巴领导及其成员自己制定目标并为实现这一目标而感到工作的意义，那么全体员工就能在工作中找到乐趣和荣誉感，并努力工作追求最大限度地提高个人能力。

每一层级管理单元都可以作为小型阿米巴组织，与上级谈条件，参与合伙人计划。在量化分权的基础上，充分释放每位组织成员的潜能。其实，这种方法早已在国内运用成熟，比如坚持土地所有权不发生变化的包产到户，甚至也早已在商业领域延伸，如承包经营、委托经营，营销员也因为超价提成而不再一味争取优惠价格。

在成品油零售环节，可以进行事前的充分沟通和讨论，帮助员工建立信心，采取循序渐进的方式，消除员工后顾之忧。只有看到现实的成功案例，才能迅速推进改革新模式。例如“半委托”模式，即带条件的委托管理+委托经营，也可以理解为模拟合伙人制度，在目标销量以内采取委托管理方式，目标销量以上采用委托经营模式，由员工主导经营并直接分享增量红利。

【案例】某国道站点，由于高速开通后车流锐减，销量急剧下滑沦为小微站、亏损站，从经营效益的角度出发，公司一度考虑过关停。后来拟实施委托经营，但站长心存顾虑，通过讨论分析找准盈亏平衡点，与站长沟通谈心增强信心，并降低进出站口坡度、进行形象改造，实施半委托模式。该站以过往短途车、摩托车为主要目标，争取汽油长期优惠的集客政策，仅一个多月销量就已突破盈亏平衡点。

绝大多数员工把工作当成赖以谋生的手段，被动应付还是主动作为，其内在动力源自劳动者在生产中的地位、相互关系、分配和评价机制。“下沉式”合伙人制度，创造性地把一线员工纳入合伙人计划，不仅员工可以通过努力增加收入，更重要的是改变了原来的雇佣关系、改变了雇员身份，成功的可能性因此倍增。

其实所谓共享经济，也就是各尽所能，实现资源利用的最大化。其核心可以简单地理解为：角色的调整和职能的重新整合，通过重塑劳动关系，最终实现资源配置最优化。

第27讲 如何提升加满率

门店销售额由客流量和客单价决定，想要提升门店销量（销售额），除了尽可能多地吸引进店客流和增加交易次数以外，提高客单价也是非常重要的途径。不过，很多人没有意识到，加油站本身也是一个门店。

以汽油日销量10吨的加油站为例，平均每日加油的车次多达400辆，通过每车多加一升油可以提升业绩超过3个百分点。要知道，近年来，全国汽油表观消费量同比增幅也不过3%~5%，而柴油同比增幅更低，某些时候甚至同比下降。

数据对比之后就会发现一个事实，从存量客户中挖潜不但很有必要，而且效果超乎预期。

27.1 为什么不加满？

客户进站已经为之付出时间成本，不愿意加满油箱的原因归结起来无非以下几种：临时应急、支付能力不足、对商品和价格不完全满意、听信“加满有害”的说法而心存抵触或顾虑。

客户排斥加满的原因及对策如下：

（1）增加重量加大油耗。由于加油站分布密度大，具有易得性。这类客户要么轻信某些不实言论，具有盲从性；要么抱着“宁可信其有不可信其无”的怀疑态度，对涉及自身利益的问题非常敏感，具有非常强的主见性。普通汽油车型一般自重不小于1.5吨，整箱油重量也不超过40公斤，半箱油尚不足一个小孩的重量，对油耗的影响几乎可以忽略不计。相同车型的油耗，主要取决于车辆状况和驾驶习惯，如加注不合适的品号，或喷油嘴积炭堵塞等原因造成油品在气缸内燃烧不充分，均会增加油耗。长期半箱油会造成加油次数增加，既浪费时间又无形中增大油耗。

（2）增加溢油风险。夏天温度变化较大，油品地罐处于较低温度，油品加入油箱后经高温暴晒后确实存在体积膨胀的现象，汽车油箱在设计时已考虑安全容积，正常加满基本不存在溢油风险。因此，在夏天并不推荐“每车多加一升油”的做法，加满跳枪之后不宜继续小流量加注。

（3）油品长时间变质。油品储存的保质期一般超过半年，远远大于整箱油的正常消耗时间。从理论上讲，油品变质与温度、氧气接触面积等关系密切。随着油面波动与氧气接触的面积增大，半箱油反而增加了油品氧化变质的风险。从实际情况看，这种差异几乎可以忽略不计。

关于到底要不要加满，央视财经频道《第一时间》栏目“真相报告”于2017年专门做过一期节目：加油要加满，不加满伤车！

这是因为汽车的油泵在工作时温度较高，浸在汽油中可以有效降温，如果油箱中的液面总是过低，就会影响油泵散热，缩短使用寿命；如果油面过低，遇到路面不平，汽车颠簸时油泵会经常抽空，加重发动机负担。一些车主每次都要等油表灯亮后才去加油，长此以往会对车辆的油泵和燃油系统造成伤害。为此，专业人员说，长期油箱不加满，不但起不到省油的作用，还会伤车，建议油箱剩余四分之一油量时就应及时补充。

真加满了吗？自封加油枪具有一个与枪身融为一体并独立密闭的感压工作系统，当油枪主阀开启高速油流通过回流阀时，回流阀组件特殊的结构设计便会使感压系统内部产生负压。正常工作状态下，感压系统负压会通过位于出油管内的通气管不断地得到气体补充，以维持感压膜片上下气压基本处于平衡状态。当加注液面上升、漫过并封闭通气管口后，感压系统内负压会快速上升，此时感压膜片两侧气压失去了平衡，膜片便会带动开关卡件向负压一侧运动，使枪机脱档，从而完成自封关闭动作，一般默认为油箱加满。

当油品加注速度较快时，瞬间产生的泡沫也会封闭通气管口，形成油箱加满跳枪假象。由于不同车型油箱设计存在差别及油品加注时产生泡沫的影响，对不同车型进行试验，自然跳枪后继续小流量可加注的油品量差别较大，加油站可以在工作中进行验证。

因此，加油枪自然跳枪时油箱不一定完全加满，针对这类车型，可以适量多加注油品，提高单次加满率。

加满率的计算。由于车辆油箱容积及余油多少的不同，实际工作中以自然跳枪为油箱加满标准，其所占加油总笔数的比率最接近真实情况，不过数据统计工作量较大，操作性不强；如果以单笔加油量同比增幅为量化指标，其优点是能够反映变化趋势、发现问题，然而只能作为间接参考，不能直观反映；以平均加油量和平均空容量的比值推算，得到具有一定代表性的数据。具体计算如下：

平均空容量=某品种车型油箱平均容积 × 空容率

单车次平均加油量=某品种实际销量 ÷ 提枪次数

加满率=平均加油量 ÷ 平均空容量

例：某站92号汽油日均销量12000升，加油共400车次；对应车型油箱平均容积50升，大多数客户习惯余油30%左右进行加油，试计算其加满率。

解：平均空容量=50×（1-30%）=35升

单车次平均加油量=12000÷400=30升

加满率=30÷35=85.7%

洞察加满率的异常变化，能够及时发现并解决问题，使加油站保持良好的运营状态。如果加满率长期偏低，通常预示着加油站运营异常，客户认可度下降，可能存在服务态度恶劣、发生过数质量纠纷、出现过管理事故等原因。必须特别重视涉及油品质量、数量、服务态度等方面的争议，重新审视评估价格策略，消除客户异议和不满；如果加满率发生临时性异常变化，则可能是营销手段没能跟上市场变化形式，促销策略与市场脱节，或者市场环境、趋势即将发生较大变化。

27.2 现场话术及促销

对于会员而言，是否加满只会影响其到站次数。而非会员客户的消费具有随机性，才是需要关注是否加满的主要对象。是否加满这样的问题，大多数客户根本不愿意为之花费时间和精力去思考，而是顺应现场人员的引导。

所谓惰性消费，是指客户为了避免麻烦，几乎在不处理信息的情况下做出决策，只要商品和服务达到某一特定的最低满意水平，就会惯性地进行反复消费，消费后也不对商品和服务进行过多的评论。这种行为并不是源于品牌忠诚，而在于不值得花费成本寻购另一替代商品。

利用客户这种消费惰性，通过员工现场开口，加强与客户交流引导，就能够极大地打消客户顾虑，把潜在的需求转化为现实的购买行为。

营销话术。在客户进站消费的过程中，按照步骤施以营销话术，拉近客户关系。

（1）车辆进站时：首先，招呼客户："您好，欢迎光临××加油站！"别认为这是无关紧要程序式的招呼，其实质却是反复的品牌宣传；其次，赞美客户人或车。例如"您今天真漂亮！""您今天的气色真不错！"激发客户愉悦的心情，并为下一步推销铺垫感情基础。

（2）停车加油时：用选择问句代替疑问句，如用"加满吗"代替"加多少"，用"您加95号还是98号汽油"等选择式问询。根据客户反应进一步进行消费引导："我站正在开展加够两百参加抽奖活动！""我站正在开展周末优惠酬宾活动，周一就恢复原价了。""我站今天对加油的前一百名客户赠送精美礼物哦。"从额度、时限、可得性等多方面引导客户加满。

（3）客户未选择加满，而采用一定整数金额加油，如100元、200元时：先按照客户要求进行加油服务，加油时进一步交流，如"我是新来的，您能告诉我为什么不加满吗？是我的服务有什么问题吗？我下次改进！"激发客户乐于助人的热情，或了解到客户不加满的原因后再进一步争取。

（4）客户反馈油品价格贵、要求优惠，或告诉你其他加油站大幅度降价优惠时：应当告诉客户为什么这么贵，让客户被商品打动，而不是给客户便宜！如“您说得很对，只是我站的油品都来自正规渠道，质优量足，成本确实要高一些。”

回应客户“价格高”异议的第一个技巧是周期分解法：每百公里油耗8升的汽车，对应每公里油耗不足0.6元。如果每升油优惠0.5元，分解到每公里仅0.04元。这笔账算明白，客户或许就不会过多地计较价格而去冒加到劣质油品的风险；第二个技巧是利益分享或厉害分析法：“加一箱好像就当您多抽了几根好烟，让您的爱车也享受享受啊！”或“万一加到劣质油品，且不说维修费，可就误您的正事了！”客户对于可能产生的损失的在意程度，远远大于收益。

（5）当客户提出额外赠品要求时，多数时候并不必当真，可以回答“感谢您一直以来的关照，只是我确实没这么大的权力。”“我申请一下，可以的话给您留一个，下次您过来再给您。”既照顾了客户的情绪、回应了客户的要求，又不至于现场过多纠结，但是，答应客户的事情应尽量做到，即便做不到也应主动说明，争取谅解。

现场推荐加满。如果条件允许，给予客户加满的额外奖励可以刺激消费欲望。

（1）满额送礼。即加油量或金额达到一定标准后，予以一定回馈。可采取随机抽奖方式，提高客户参与度。也可分级设定奖品，通过奖品直接刺激，实现客户多加油的目的。

（2）足量优惠。即加油量或金额达到一定标准后，予以价格优惠。优惠可以自零起算，也可以达到一定标准后再予折扣，类似于商场促销“第二件半价”的做法。

（3）达标后免费。增强参与感，满足客户赌博心理。如加油自然跳枪后免费再加满，这需要对不同车型油箱特性有一定程度的了解，免费的量和金额一定要告知客户，使其获得满足感。

多种支付方式。推荐加满的对象主要是非会员（持卡）客户，由于支付宝、微信已成为年轻客户群体的首选支付方式，如果在支付方式上不能支持，客户确实会因为现金不足而放弃加满。在符合安全管理的情况下，应当积极尝试微信、支付宝等多种支付方式，确保消费需求不受制于具体支付手段。

通过现场的交流互动，能够融洽气氛、显著改善客情关系，增加了解市场竞争状况的渠道，及时发现问题，提升运营效果。

第28讲

如何提升通过率

加油站现场通过率类似于餐饮行业的翻台率，表示餐桌的重复使用率，通俗地讲就是一张桌子平均能接待几拨客人。在店面空间不足的情况下，对有限设施、设备的重复利用成为决定营销成败的关键。

28.1 五项“硬”功夫

通过率可以用加油枪的平均加油次数来表示，简化计算为提枪次数 ÷ 加油枪数，数值越大就表明重复使用率越高，即通过率越高。

在加油现场空闲的时候，追求通过率并没有意义，此时应当在加满的基础上，增加客户在站停留时间，为推介非油商品营造机会。只有当车流增大到出现排队等候的时候，强调通过率才变得有意义。在“多加一升油”与“多加一辆车”之间服从于后者，先抓“大”再抓小，加油车辆需要尽快凑整挂枪，为后来车辆腾出加油位。

实际操作时，应当先从硬件入手，通过设备设施更新升级、加大功率、完善功能，提升信息化、技术化含量，从根本上提高运行效率。

（1）**柴油枪大流量改造。**加油机出厂设置额定流量一般为30~40升/分钟，这对于轿车及中小型货车完全已经足够。高速公路或国省道大型长途车辆过往较多，为了满足长途运输的需求，往往配备大型油箱甚至双油箱，对于这类车辆来说，加油机额定流量就显得效率太低，单车加油耗时较长，造成车辆积压等待、客户体验降低。此时，可以更换粗枪头、调增潜油泵功率，改造后流量一般能够达到60~70升/分钟，如果更换“红夹克”等大功率潜油泵，流量可以高达80~100升/分钟。需要注意的是，流速越快产生静电的风险越大，因此汽油品种不宜应用，且不宜盲目求快。同时，由于小型货车油箱口较小，且柴油版轿车、越野车日渐增加，改造时应适量保留细枪头不做改造。

（2）**汽油机安装防水滤芯。**按照加油站卸油作业操作规程，进货卸油时对应的加油机必须停止加油，卸油作业完成后仍须静置15分钟方可恢复加油作业，这是为了预防静电聚集产生风险，同时防止罐底沉积的水杂冲起后加入汽车油箱。城区加油站受安全间距限制，一般建站等级不高、罐容受限，采用单罐运行的汽油品种遇卸油作业影响营业的时间每次长达1小时以上，不仅损失销量，还影响客户体验。安装防水滤芯以后，当水杂通过时被吸水材料吸收，滤芯膨胀堵塞截断油路，从而起到防护作用。堵塞的滤芯，需进行更换后才能正常加油。由于滤芯能影响静电起电特性，安装防水滤芯后应适当降低汽油流速，还能够减小静电风险，实现边卸边发、不间断营业。

（3）**延长加油胶管。**加油机原机配备胶管长度一般为4~6米，基本能够保证正常加油所需。如果需要对反向油箱加油或大车因转弯半径不足、停靠位置较远时则不能满足，需要延长加油胶管来延伸可服务大半径，避免车辆为进入加油位而来回倒车。胶管具体长度根据需求和相关规定确定，有个未经证实的说法，延长胶管可能增加提枪走字的风险，应加强排查。

（4）**更换老旧设备。**因使用频率不同，不同加油站设备、设施的老旧程度差异较大，按使用年限定期更换设备的做法并不完全科学、合理。更恰当的做法是应当按照使用年限及使用频率孰高原则，特别是大站老旧加油机影响经营，应及时更换，提高设备完好率。为便于设备维修、保养，加油机等设备应尽可能使用同品牌机型，避免各型设备混用，更换时可以通过站间调整等办法，将同品牌的设备集中到一起。

（5）**新设备应用。**技术革新往往意味着效率提高、劳动力解放，各石油公司纷纷试点“智能加油站”，其中“智慧加油机”集加油、广告、语音、视频、网络为一体，能够显著改善服务效率。如：互联网+多种支付；触摸液晶显示屏和话筒、扬声器，现场员工和便利店内可直接沟通；加油机顶端增加了工作指示灯，通过不同颜色的灯光提示，有效引导客户车辆，提高车辆通过率；加油前员工和客户确认油品后，触摸按钮进行确认，同时释放人体静电，确保加油安全；黑色加油机胶管变成了红色、绿色和墨绿色，与相应的油品标识颜色所对应，降低加错油的风险；胶管伸缩平衡器借助蜗卷弹簧能量，胶管处于悬挂状态，胶管平衡器能够用手轻轻地上下拉动胶管，大大减轻员工劳动强度，扩大加油枪工作半径，提高工作效率。

大站不愁销量，经营者也乐于见到加油站排队加油的繁荣景象，这往往是口岸带来的红利，而并非全然是营销的功劳。排队就意味着需求没有得到及时满足、客户体验没有达到极致，运营管理就存在优化的空间，需要进一步挖潜。

28.2 四项“软”措施

加油站现场诸多事项，多数可以归纳入运营的范畴。所谓运营，就是整合资源、不断重复目标、执行、反馈、优化的自检和升级的闭环。对所有数据进行分析和复盘反馈，以找到改善的最优方案为目的。

运营管理的目标为“人尽其才，物尽其用”，人员的合理调配是加油站现场管理的第一要务，保证人员在位可以参考7S定置化管理进行定位，以第一时间应答客户、快速引导至合理位置为原则，现场服务人员优先定位于进站口，并根据引车顺序合理分布。

（1）**蛇形排队法。**加油站通常并排设置数条加油车道，在一般情况下，由于“排队自优化”机制的作用，后来的车辆总会自发加入相对较短的队列，使排队的各队列相对均衡。但是，各车辆接受加油服务的时间存在差异，如果某条车道发生状况，后续排队的车辆就会陷入长时间等待，当等待的时间超出客户“容忍区间”，就会出现插队等情况，现场将不可避免地陷入混乱无序，效率也大受影响。

目前广泛运用的排号机采用了更为科学的“蛇形排队法”，即让所有的客户依序排号，由现场人员统一调度指挥。即便某条车道出现状况，也只会让所有排队的人都只慢一点，而不会长时间耽搁多列式排队情况下部分“运气欠佳”的客户群体。

不过，加油站建设时并没有按照蛇形排队法来设计，这给现场引导带来困难，可以借助锥形桶等工具进行辅助。事实上，在场地较大而现场员工不足的情况下，有意识地封闭几个车道让车辆集中起来，效率反而会提高，这也是“蛇形排队法”在应用时的灵活之处。

（2）**运营细节管理。**每天24小时，其中销售的黄金时间可能仅为3~4小时，而高峰期产生的销量占比可能高达70%，是增量创效的关键时段。精炼管理、强化运营细节管控，首要任务应当是抓重点、抓关键。根据各站加油特点及规律，灵活采用大小班、机动班、主副班、长白班搭配，每班次可细分为具体时段，明确作业具体人员，既保持现场人员数量又减少无效劳动。

实行对站管理、连片管理的站点，可采用大带小方式，科学安排营业时间。在此基础上统筹人力资源，均衡不同站点间的劳动强度，每班次可细分为具体人员及岗位、地点，实行站点间的循环排班。逐步推行送餐制、自带餐制，用餐时应分批并错开加油高峰时段。

错峰卸油。没有安装防水滤芯的站点，油品配送安排尽量错开大中型站点销售高峰，无法错峰安排的，应根据现场情况执行错峰卸油。即油车到站后按规定稳油导出静电，做好卸油准备，待现场加油车辆减少后再进行卸油作业。

调峰促销。即在非高峰时段开展价格优惠、赠礼抽奖等活动吸引客户。在高峰时段则取消优惠及其他促销活动，通过引导达到均衡客流的目的。

预约加油。对于车队等车辆较多的集团定点客户，可根据其加油规律，采用电话、网络等方式，在每日加油的低谷期进行预约加油，实现调峰错峰。

（3）**服务量化。**明确并量化各环节服务时间标准，例如实行服务“三三制”：排队等候的客户3秒内响应，正常引车入位到开始加油服务不超过30

秒，加油服务全程不超过3分钟。承诺超时赔付，向客户明示服务标准，发挥客户监督作用。现场忙碌时落实“加一看二照顾三”要求，通过超时赔付提高客户耐性、改善体验，约束加油员提高服务效率。

（4）**正确处理油非关系。**大站高峰期常见症状是，一边等候加油的车辆排队，一边已加油的司乘人员进店开票、购物，车辆长时间占用加油位，造成现场拥堵混乱。推销非油商品会增加客户在站停留时间，与提高通过率存在一定矛盾。推销非油商品要结合现场实际情况灵活调整，真正做到油非相互促进、相互增长。

不具备停车场地条件的站点，应以提高车辆通行率为第一目标，不过度推销非油商品。推销环节主要控制在加油过程之中，统筹规划好客户在站停留的有限时间。具备停车条件的站点，可将已加油车辆引导至停车区再办理开票、购物事项。

第29讲

如何提升回头率

回头率即重复购买率，又称二购率，是指客户重复购买次数占购买总数的百分比。重复购买率越高，反映出客户的认可度和忠诚度越高。

那么，是什么因素影响并促使客户做出重复购买决定的呢？

29.1 改善客户体验

成品油同质性较高，普通客户难以明显感知其差别，可选择性并不充分。客户对品牌和商品的认知，主要通过直接和间接的消费体验获得，既包括商品本身，也包括服务质量、服务附加值等各个方面。对汽油客户调查的结果显示：约48%的客户关注质量；30%的客户关心数量；23%的客户对价格敏感；11%的客户要求随时能加到油；还有3%的客户在乎品种品号是否齐全。

但是，大多数客户在一定程度上不受外界影响而简单地重复消费，即使知道这种商品可能没有以前质量好，只要不超出客户容忍区间就不会轻易改变。

这种行为被叫作“惯性消费”，源自权威、从众、经验、非理性的层次。包括品牌过往的品质（如商品品质、企业责任）、亲朋好友及社会的互相感染、知名人士带动的宣传效果以及其他非理性行为。

商品本身的吸引。长期在加油一线的同志感受最为深刻，“老司机”对品牌的选择几乎百分百基于对商品（油品）的认同，不同客户对几大知名品牌的汽柴油、甚至是不同品号均有不同看法。这些看法来自历史经验、朋友圈看法或者其他根本说不清楚的“专家之言”。事实是客户对不同油品之间的差距很难直接感知，大部分受主观感受所主导。

不过，确实存在客户难以感知的商品内在差别，以0号柴油为例，在不同密度情况下，相同体积的油品不仅存在质量差异，所蕴含的体积热值也各不相同。这个“内在秘密”包括以下几方面的信息（见表5）：一是油耗，表内最后一组柴油的百公里油耗较第一组低0.63升，即花相同的钱跑更远的路；二是价格，最后一组实际价格较第一组隐形优惠2.1%，如果按照当前柴油6.45元/升的价格，价格隐形优惠0.135元/升，即花相同的钱加更多的油；三是动力，表内最后一组柴油的动力输出较第一组高2.1%，即花相同的钱出更多的力。

表5　0号柴油体积热值差异

密度/（千克/立方米）	百公里油耗/升	实际价格/（元/升）	体积热值/（兆焦耳/立方米）
821.3	30	1P	37887
828.3	29.86	0.995P	38690
840	29.48	0.983P	38556
847.6	29.37	0.979P	38701

客户对品牌及商品的认知一旦形成就很难改变，某品牌于新站开业之初将加油机调整为负差，并渲染其油品添加了专利添加剂，形成该品牌油品耐用经烧的客户认知，这种策略为商品赢得了额外加分，获得了良好的市场反应。正是充分掌握客户这种消费心态，通过“第一口奶”精准制导，让客户产生独特的品牌记忆，从而培养忠诚客户。

我国法定加油机误差不超过 ±3‰，实际操作时，加油站通常将误差顶格控制在正差的最大范围，借误差之名故意克扣客户，从中牟利。这种做法触碰了诚信底线，违背了“善意经营”理念，即便一时获得利益，无形的损失则难以估量。

商品丰富齐全。俗话说“货卖齐全，货卖堆山”，就是通过商品的极大丰富、极大丰满招徕顾客、吸引顾客、刺激顾客的购买欲。选择的余地越大，招徕的客人越多，客户体验越好。具备条件的站点应尽可能配齐品号，各种规格、型号、价位的商品合理组合搭配，满足客户个性需求。

通过科学的调度可以有效防止商品短缺造成的断档脱销，当油罐库存量能够维持正常经营的时间≤配送油罐车装卸时间+在途时间，而油品尚未安排，断档脱销一定会发生，应立即启动断档脱销应急处置办法。

各站应根据罐车配送时间，合理确定脱销临界量，及时跟踪资源安排情况。脱销临界量的计算参考如下。

例：某站柴油日均销售2.9万升，装卸及配送时间为8小时，则：

平均付油量：29000÷24≈1210升/小时

配送期间平均付油量：1210×8=9680升

由于潜油泵长时间空转过热会烧毁电机，使用潜油泵的站点，应保持罐内余油液位不低于150毫米，约1500升（50立方米）。灌桶、罐车时，潜泵长时间运转也会过热，存在烧毁电机的风险，操作时应中途挂枪，使潜油泵电机冷却。

脱销临界量：9680+1500=11180升

考虑高峰期因素，风险储量30%：9680×30%=2904升

脱销临界量=9680+2904+1500≈14000升

即该站柴油脱销临界点储量为14000升，到达脱销临界点时，加油站经理必须立即核实油品配送情况，必要时提前启动应急预案。

愉悦的消费体验。体验就是用行动来验证事实，从某种程度上讲，客户获得商品及服务的过程与结果同样重要。

服务态度：要让客户愉悦地享受加油服务全过程，不能简单地理解为微笑服务，“跑笑迎唱送”五字服务法是从面部表情、肢体动作、交流沟通等各环

节精炼“八步法”服务关键点，极大地改善客户体验。实际工作中，还可结合当地民风民俗，拉近员工与客户的距离。

【案例】春节期间，某乡镇小站驶来一台广东牌照的返乡商务车，加油员上前按八步法规范服务，开启油箱正要加油时，又有车辆陆续进站。管理人员旋即上前帮忙，加油员转而招呼其他车辆去了。管理人员提枪加油服务结束，送该车出站，半小时后接到客户车辆抛锚电话，判定为柴油车错加汽油。

加油服务要求“加一看二照顾三”，该加油员正在进行服务时，主动招呼新进站车辆较好，但前车服务未结束，让前车客户有不如后车受尊重的消费感知，且与管理人员未交接清楚，管理人员未按规范确认油品品号，致使加错油品，既造成经济损失又耽误客户返乡省亲而留下阴影。

服务质量：是指服务能够满足客户需求的程度，包括规定的基本服务和潜在的增值服务。加油的目标是车，服务的对象是人，人都有被关心受尊重的需求，加油过程中多一些嘘寒问暖、关心关怀，多一些人情味往往能够大幅改善客户体验。

【案例】某自助站客户加油时被小偷盯上，趁车主不注意盗走副座上的手提包逃离。致使客户归咎于加油站，并产生争议抱怨。客户进入站点范围，加油站即有保证客户人身及财产安全的义务。服务区过夜货车怕油品失窃而不敢加油，小车客户加油时疏于防范，失窃也逐渐多发。某公司尝试推出失窃赔付承诺，正是消除客户顾虑、营造安全和舒适消费环境的具体措施，也有利于加强不明人员进站管理。

服务效率：即尊重客户时间，急客户所急。加油过程中推销非油商品，应注意适度，根据客户反应灵活掌握，防止过度推销引发客户反感。

售后维护：客户回访是不断完善经营管理的重要方式，及时固化推广经验，改进问题，化解客户抱怨，巩固客户关系。

星级管理：客户消费达到级别自动升星，仅报备即可，要防止和改变客户不知晓就故意隐瞒的不良做法。新开发或客户提高购买率，按预估销量预授星级，提高客户体验消费增加参与度。

超出客户预期。加油环节中提供的只是必备基础服务，只有当服务具有可供参考量化的市场价格，让客户能够明显感受到增值或增加客户转移成本，服务才能上升为营销。

城区站：主要提供便捷性为主的服务项目，具备条件的可根据实际情况选择性增设自动洗车、轮胎充气、临时停车、物品寄存、快递收寄等增值服务项目。

国省道：根据货车需求，增设过磅、加水、停车、休息、餐饮、洗浴等服务项目。国省道属于开放性市场，客户人车需求可选择的余地比较广，但费用较高。上述所有服务项目均可以市价衡量，加油站实际投入较小或者零投入，实现以小博大的经营目的。

高速服务区：高速服务区首先是服务区，以提供油非商品和服务为主要目的，而非暴利市场。同城同价是吸引客户回头的重要因素。具备条件时，与第三方组合开展微利性服务项目，改变客户“高速高价”的消费认知，从而改变客户的消费行为。

29.2 客户黏性培养

让客户对商品或服务依赖上瘾，无疑是提升“回头率”的最佳打开方式。但并非家家都有自己的独特的“V-power”，服务看似最容易复制模仿，实际上学到的往往只是表面功夫，隐藏其后并真正发挥作用的，是由经营理念主导下所形成的系统工程，却非一朝一夕之功。

例如，现场员工好的精神面貌和服务质量，与劳动强度、作业时间、激励考核等方面直接相关，而间接的影响因素更多。当管理者抱怨员工执行力差的时候，应该回想一下：招聘员工的时候是否条件合适、培训安排是否足够，完成任务所需的人手是否充分、分工是否恰当，是不是提供了完成任务必须的条件、给予了应当的指导和帮助，等等。“只有服务好员工，员工才能并且才会服务好客户。”管理的问题，往往发生在下面，根源在上面。

由此看来，商品和服务都不是能够投机取巧的事情，这也是企业依赖营销的原因。客户召回的常规方法，一般采用电话回访、推送促销信息，或者发送一定额度的抵扣券（优惠券）、邀请客户到店领取小礼品等。

根据客户消费周期性规律，完善营销定期触发机制，吸引客户二次购买。逐步培养客户周期性消费习惯，引导目标客户消费周期与促销周期有机融合，实现同频共振，形成条件反射，培养客户消费惯性。

长期习惯早起的人，大概都曾有过类似的“痛苦”经历：那就是有机会睡懒觉的时候，却突然发现根本睡不着。生物钟是生物体生命活动的内在节律性，就像无形的“时钟”无时无刻不在影响生物体的各种活动，除了提示人们该在什么时间开始（终止）做什么事情之外，还让大家延续某种状态，受特定提示而触发连锁反应，如看到加油站促销就会联想到对应的心仪加油站点。

周期性促销正是改变了日日促销的感受疲劳，同时降低促销成本，通过规律性的促销潮汛，在客户潜意识中植入生物钟，这种节律性与客户消费规律性完美地契合。

第30讲

带动和转化

按照传统的营销观念，能够黏住客户，实现客户的PDCA闭式循环工作就已经到位。对于现代营销来说，仅仅局限于固有客户闭式循环还远远不够，客户数量在循环中还需要螺旋式递增，才是销量持续增长的源泉。

大多数研究文献认为，口碑传播是市场中最强大的控制力之一，家庭和朋友对消费者的态度具有最不可忽视的影响力。同样有研究显示，只有4%的不满意客户会对厂商抱怨，80%的不满意客户会对周围的人谈起自己的不愉快经历。满意客户会再次光临、重复消费，却未必向周边的人推荐。因为他们没有义务，这种依赖客户自发行为的方式效率低下、毫无稳定性可言。

如何让客户满意后自发传播、主动拉新呢？

（1）获得成就感。当客户参与某项活动之后，如果获得较好的效果，内心就会产生一种成就感。能够证明自己比其他人优秀，或者以此激励自己继续坚持。

【案例】朋友圈每天都能见到“我坚持学习英语多少天”这样的打卡，这个活动很能刺激用户分享。给客户一张海报，帮客户告诉他的朋友他是一个勤奋的人，客户就会带来流量的回报。那些关注朋友圈的人，总会有人在这种潜移默化中被感染，从而也参与其中。

（2）表达情绪。如果营销活动安排超出客户预期，或者让客户体验愉悦，客户就可能主动去传递这种情绪，让更多的人知晓并有机会参与。如购物抽奖意外获得大奖，活动现场见到了明星偶像……

（3）塑造形象。客户希望证明自己是一个具备什么样形象的人，当营销活动能够赋予客户这种个人形象和地位的时候，客户就会主动分享传播。如体育锻炼、习惯培养等。

这些方式不需要企业投入营销预算，能够持续品牌曝光并培养客户黏性，老带新引流效果并不十分显著。朋友圈集赞、帮忙砍价，也属于类似手法。

为了进一步提升引流效果，企业需要制定奖励政策并投入营销费用。简单梳理有以下几种方式：

（1）分享打折。这是餐饮业常用的营销手法，消费后转发朋友圈便可以获得相应折扣，升级玩法是新客户凭老客户朋友圈截图还可以享受再优惠。

（2）制定老带新奖励政策。大多数客户都有贪占小便宜的心理，加之消费体验本来就不错，让老客户在拉新过程中获得奖励或实惠，这种奖励同时对应到新老客户，所以老客户推荐时也没有什么心理负担。

【案例】某培训机构发起了一项优惠活动，凡老生带一名新生报名参加暑期培训班，则新老生费用立减100元，带两名新生则立减200元，依此累进最高可以获得五折优惠。大家纷纷向周边的同学推荐，很快便满额了。

拼团是由某个人开团，以团购价格购买某件商品，然后客户将这个组团分享出去，吸引更多人加入拼团，最终大家以团购价购得商品。而有些玩法表面看是拼团，商家已经预置了一个团，只需要加入即可以购买，实际上只是变换形式的优惠而已。

（3）额外赠送。通信行业以老带新采用过话费充值100元，赠送一个带100元话费的新号码。虽然这个号码老客户也可以自己使用，送给家人朋友的概率也非常大。加油站内加92号汽油送一定金额的95号汽油加油金，如果客户自己使用，属于引导消费升级。如果是鼓励客户赠送给亲朋好友，则模式运用属于以老带新。

（4）双边模式。前面在“平台战略”介绍过，酒吧对女士免费的模式就是最为典型的双边平台。其实滴滴平台也是如此，一方面司机喜欢选择用户多的平台，另一方面用户也喜欢选择司机（车辆）多的平台，双方互为条件、互相吸引，当达到一定临界点后，便开始加速增长，在竞争中迅速超过对手占据绝对领先优势。

（5）裂变营销。在人人都是营销单元的阿米巴模式基础之上，进一步扩展到已消费获得满意体验的客户。即把客户变成销售代理员，去发展新的客户及销售代理。复制分裂，由一变二、由二变四……听起来有点像传销，跟国内传销虚假商品、虚假盈利模式不同，裂变营销以客户消费后产生的口碑为动力，让客户参与到商品宣传推广并分享一部分利润，即客户传播式销售。

事实上，成品油零售市场营销意识不足，虽然也有按销售量提成的方式在内，主要还是按现场提供服务量的多少来分配，跟营销基本上不沾边。以站为单位的客户走访、上门发卡，更多的还是摆摆POSE、刷个姿态，并没有常态化拉新的主动性。

这跟激励机制缺位有很大关系。如上所述，很多人认为加油站实行联量薪酬就是营销激励，这种看法其实不妥。跟批发环节不同，零售拉新和消费分为两个环节，而且这两个环节的配合缺一不可，激励也应当分别制定标准、分别兑现。

结　语

营销无处不在

千万不要误认为营销一定是写字楼里白领喝着咖啡、敲着电脑做的事情，到目前为止，文中已经列举了大量生活中的营销案例。

有两个关于猫的笑话。第一个是说有一只爱吃鱼的猫，由于太爱吃鱼了，它天天到河边去钓鱼，过了很多天却一无所获。这天，它又来到河边，放下它的鱼线。这时，一条鱼蹿出水面，气急败坏地大叫："你再用萝卜做鱼饵，我就杀了你！"很多时候，企业认为已经"站在客户的角度"或者"以客户为中心"的时候，其实一直仅仅限于"自己认为"。第二个是收藏家马未都讲过的笑话：一个老太太很有心计，为了卖猫，搁了一个名贵的猫食盆，谁来了也不敢直说要买这盆，都说买老太太的猫，搭上这盆。等对方买了猫，老太太说："我不能搭上这盆，我还得靠这个盆卖猫呢。"客户心里想什么不一定说出来，而这正是达成交易的关键。

再讲两个"标错价"的案例。一个发生在"双十一"的天猫商城，某促销的卖家因为标错价格，原价一百多的商品被错标为十几元，结果一夜间客户下单数万单，这一结果导致了履约问题并引发诚信质疑；另一个是联想原本售价1888元的平板电脑S5000却放出了999元的价格，"标错价"期间该款平板售出11万台，联想方面称，所有订单都不会取消，损失也全由联想承担。后来有人发现，此前联想S5000平板销售情况可谓“惨淡”，天猫网站联想官方旗舰店销售记录显示其月销量仅几十部。联想是“将错就错”树立企业诚信？还是原本就是一场有预谋的事件营销呢？外界众多猜测却无从证实，联想S5000平板的销量却一下子打开了。

把握市场脉络如同给患者诊治，患者个体性别、年龄、体质、生活习惯等因素存在差异，天时气候、地域环境，对疾病的发生和变化都有着直接的影响。医者讲究因异制宜，正是考虑于此，必须根据具体因素具体分析，知常达变、灵活处理，以制定出合适的治疗方法。

某医院有位临产孕妇突然心动过速，情况十分危急。主治医生束手无策，紧急向主任求援。主任赶到现场，立即询问症状，搞清情况后让立即用药。主治医生回复说：“这个药已经用过，但没有效果。”主任问：“用了多少剂量？”主治医生答：“按说明书用的。”主任火了：“按说明书能治好人，还要医生干吗？”遂吩咐按原药加倍剂量，病情果然好转。

说明书不可能包罗万象，没有说明书也不行，再好的医生也不可能把每种药的剂量用法都掌握清楚。比如刚出的新药谁会用？难道永远不用？所以，说明书必须得有，不过需要结合实际情况，慢慢摸索总结才能发挥最好的疗效。

对于市场营销这个行当，笔者只是半路出家，相比于科班出身的人很不专业。正是不必拘束于专业的定律和法则，用一个外行的眼光，或许能够提供一个不同的视角、更符合消费者的身份并理解他们的真实想法。

干营销学习专业知识必不可少，更重要的是像铃木敏文所说的“脑袋里面有一个钩子”，认真观察、用心体会，自然会从日常工作和生活中获得灵感。

参考文献

[1]彼得·德鲁克.管理的实践[M].齐若兰，译.北京：机械工业出版社，2006.
[2]艾·里斯，杰克·特劳特.定位[M].谢伟山，苑爱东，译.北京：机械工业出版社，2002.
[3]马恺文.大概率思维[M].刘清山，译.南昌：江西人民出版社，2018.
[4]克里斯·安德森.免费:商业的未来[M].蒋旭峰，冯斌，璩静，译.北京：中信出版社，2009.
[5]铃木敏文.零售的哲学[M].顾晓琳，译.南京：江苏凤凰文艺出版社，2014.
[6]铃木敏文.零售心理战[M].顾晓琳，译.南京：江苏凤凰文艺出版社，2015.
[7]詹姆斯·哈金.小众行为学[M].张家卫，译.北京：北京时代华文书局，2015.
[8]王晓锋.重构零售[M].杭州：浙江大学出版社，2018.
[9]稻盛和夫.阿米巴经营[M].曹岫云，译.北京：北京大百科全书出版社，2009.